★ 课本背后的故事 ★

灵动的
语文

冷晓红 编著

江西高校出版社
JIANGXI UNIVERSITIES AND COLLEGES PRESS

图书在版编目（CIP）数据

灵动的语文/冷晓红编著. — 南昌：江西高校出版社，
2017.5（2020.6 重印）
（课本背后的故事）
ISBN 978-7-5493-4634-9

Ⅰ.①灵…　Ⅱ.①冷…　Ⅲ.①中学语文课－课外读物
Ⅳ.① G634.303

中国版本图书馆 CIP 数据核字 (2016) 第 193965 号

出 版 发 行	江西高校出版社
社　　　址	江西省南昌市洪都北大道 96 号
总编室电话	（0791）88504319
销 售 电 话	（0791）88500223
网　　　址	www.juacp.com
印　　　刷	湖南锦泰数字印刷有限公司
经　　　销	全国新华书店
开　　　本	787mm×1092mm　1/16
印　　　张	13
字　　　数	157 千字
版　　　次	2017 年 5 月第 1 版 2020 年 6 月第 2 次印刷
书　　　号	ISBN 978-7-5493-4634-9
定　　　价	39.00 元

赣版权登字 -07-2016-575

目 录
CONTENTS

第一章

理想希望

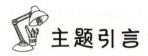

主题引言

　　没有理想的人生，天空将被一望无际的灰暗所笼罩，大地只能和冰冷的荒芜共舞，海洋也只能用空空荡荡无尽头的胸怀去接纳永恒的沉寂。显然，没有人愿意让这种景象发生。

　　落入笼中的小鸟是幸福的，它将过上没有天敌、没有风吹雨打、不愁吃喝的安定生活。但它又是不幸福的，梁园虽好，终非久恋之乡。理想的生活不应该是这样，它们应该有搏击天空的俯仰，它们应该有争夺自己生存权利的自由。鸟儿们不需要笼子来安排生活，它们要做自己的主宰，这就是理想。

　　没有理想的人生对不起这个波澜壮阔的时代，为了理想的人生，我们该做些什么呢？

目标课文一：在山的那边

从诗歌中汲取力量

"活到今天，要去信仰是困难的，而不去信仰是可怕的。"这是王家新《变暗的镜子》中的一句话，也是这位诗人一生饱经坎坷后仍怀理想的真实写照。因为他知道，自己不能忽视"灵魂的裂隙中呼啸的西北风"所带来的反思和灵魂上的震撼，他没有办法拒绝这种诗歌的召唤。

"王家新属于少数一批坚持下来的诗人之一，他从来没有让步、退缩。他的诗能够代表20世纪80年代和90年代的诗歌创作。从他的诗中，读者可以直接进入他的个人生活，同时可以看到诗人从困境中带来了多少生命。"这段话是德国汉学家顾彬对王家新在诗歌理想上不懈坚持的一种尊重。很多时候，想要赢得别人发自内心的尊重是一件非常不容易的事情，尤其是在特殊环境中成长起来的那一批人。

王家新就是这样一个从特殊时代背景中走过的人，他永远记得那个改变他命运的时刻——1977年接到武汉大学中文系录取通知书的那一天。有诗为证："我浑身战栗，几乎不敢相信它是真的，更没想到它已在骤然间改变了一个人的命运。"这个时刻对出生在新中国、又下放到区农化厂劳动的王家新而言，确实刻骨铭心，因为它预示着一个新时代的来临，一个理想重新起航的契机。

初中时期，面对"中国人拿不到诺贝尔奖，是民族的耻辱"的巨大刺激，年轻的王家新义无反顾地投入到了文学这片艰险异常却又韵味无穷的未知空间中。但谁能想到，国家的政策变化瞬间就将整整一代人的命运轻易转向，王家新带着他的文学理想成为一名扎根农村的知青。谁又能想到，即便是在上完大学，离自己人生理想越来越近的时候，王家新又被分配到当时还很偏僻的鄂西北地区郧（yún）阳师专任教。那里没有多姿多彩的生活，有的只是传统中国最为常见的平淡无奇和朴实无华，一切似乎都和诗歌的激情、灵魂的震颤无关。

幸运的是，王家新逐渐明白，不管是时代的沧桑巨变，还是个人际遇的跌宕起伏，无一不是上天赐予一个诗人最为宝贵的财富，只要有对诗歌理想的执着和坚定，就一定能从中体会到多样的人生经验和无尽的灵感。

王家新正是这样做的，他将不同时代、不同环境中的人生体验转化为一首首流淌着强烈生命情思的诗歌，从上世纪对诗异常狂热的80年代流淌到诗歌渐渐暗淡的今天，虽然，一切都在改变，但王家新对诗歌的理想始终如一，他总是在那里，过去是，现在也是，生命不息，诗歌不止。因为这是一种理想，这是一种镌刻进灵魂的归属。

人物简介

王家新（1957—   ），湖北丹江口市人，著名诗人，诗歌评论家，教授。1978年进入武汉大学中文系，大学期间开始发表诗作。1982年毕业分配到湖北郧阳师专任教，并于1983年参加诗刊组织的青春诗会。1984年写出组诗《中国画》《长江组诗》，颇受关注。1985年被调至北京《诗刊》做编辑，出版了诗集《告别》《纪念》。1986年王家新的诗风更为凝重，告别了青春写作。1992年赴英做访问学者，1994年回国后在北京教育学院中文系任副教授。王家新于 2006 年被中国人民大学文学院聘为教授，是中国 20 世纪 90 年代以来知识分子写作的代表性诗人。

🔍拓展阅读

守 望

王家新

雷雨就要来临，花园一阵阵变暗

一个对疼痛有深刻感受的人

对此无话可说

你早已从自己的关节那里感到

这阴沉的先兆，现在

它来了。它说来就来了

起风的时刻，黑暗而无助的

时刻！守望者

我们能否靠捶打岩石来承担命运？

如果我们躲避这一切，是否就能

在别的地方找到幸福？

守望者！你的睫毛苦涩

你的双手摊开，

而雷雨越过花园那边的城市，阴沉沉地

来了。没有别的

你只能让你的疼，更疼

你只能眼看着花园，在另一个世界的反光中

变暗，更暗

一动不动，守望者！把你的生命

放在这里

让亲人们远走他乡

让闪电更彻骨地进入这片土地

花园会亮起来的

而与黑暗抗衡，你只需要一个词

一个正在到来的

坚定而光明的

词

目标课文二：走一步，再走一步

再多走一步

多走一步，意味着什么？少走一步，又会怎样呢？

这是一个有些无厘头的问题，回答起来估计还会有更大的无厘头空间。其实，这个问题的答案并不重要，重要的是这微小的一步显露出的人生态度。

"多走一步，就可以缩短一步接近成功的距离。胜利就在前方，你的任务就是坚持，就是再多走一步！"这是爱尔兰作家萧伯纳对此问题的回答，他不仅是这样说的，更是这样做的。

让我们把时光转到萧伯纳成名前，那时的他，无人知晓，只是凭借着一股对文学创作的热情，强迫自己每天要有 5 页稿子的写作量，而坚持之后的结果并不是成功，而是——4年总共30英镑的些微回报。但他没有放弃，又往前走了一步，4年内总共创作了5部长篇小说，和60余家出版社打过交道，得到的结

果依然是不予采用，更有对其写作能力和写作前途的断然否定。一次又一次的拒绝和打击，一次又一次地阻止萧伯纳跨出下一步。如果事情到此为止，世界文学之林是不会出现萧伯纳这个名字的。萧伯纳不能接受这个事实，在接下来的4年中依然苦苦坚持，最终赢得世界文坛的高度认可。

多走一步而最终走向成功的人并非只有萧伯纳一个，正如一句俗语所言——第一个果实是酸的。没有酸的痛苦和反思，怎会有甜的欢欣和震撼呢？

俄国著名作家克雷洛夫生平第一部创作的作品《用咖啡渣占卜的女人》直到今天依然无人问津，因为它确实还是"酸果子"，没有剧院或导演愿意为一个还不成熟的"酸果子"冒险。

中国著名的美术大师张大千也曾经历过此番遭遇，第一部作品仅仅卖了两斤腊肉钱——80个铜板。如果他就此停下以画养生的脚步，那么现在世界各大美术馆也不会以拥有一幅张老的作品为荣，他自己更不会有机会被纽约世界美术协会推举为当代第一大画家。

这样的例子还有很多很多，美国大文豪海明威、法国大作家雨果也都是榜单中当仁不让的一员，他们早期投出的稿件总是不能得到认可，一次又一次地签收退稿信似乎已经成为生活中的一项日常工作。

不过，他们没有停下脚步，所以才有了《老人与海》《丧钟为谁而鸣》《巴黎圣母院》《悲惨世界》等福泽后世的经典文学作品。

抛开这些在人类文明史中留下厚重一笔的角色，即便是普通人，在日常生活中，多走一步也有着极为重要的意义。它代表了一种积极的人生态度，对理想的尊重，对希望的尊重。少走一步意味着放弃了未来众多的可能性，做了不一定成功，但不做就一定不会成功。第一次种出的果实是酸的，放弃之后，便永远也不会再有自己能种出甜果子的信心；学习成绩一直平平，如果继续原地踏步，认为自己只能如此，那么未来也就真的只能如此了。

📚 素材宝库

意志信念·名人名言

● 最可怕的敌人，就是没有坚强的信念。 ——（法）罗曼·罗兰

● 由百折不挠的信念所支持的人的意志，比那些似乎是无敌的物质力量具有更强大的威力。 ——（美）爱因斯坦

● 信念是鸟，它在黎明仍然黑暗之际，感觉到了光明，唱出了歌。

——（印）泰戈尔

● 只要有一种无穷的自信充满了心灵，再凭着坚强的意志和独立不羁的才智，总有一天会成功的。 ——（法）莫泊桑

● 坚持意志伟大的事业需要始终不渝的精神。 ——（法）伏尔泰

阅读感悟

每一个人都期待拥有如海明威、萧伯纳、雨果、张大千、克雷洛夫一样的成功。他们傲然屹立于人类文明的殿堂之上，光耀世人。但他们终究只是人类群体中的一小部分，大多数人只能默默地扮演旁观者的角色。探究其中的区别，有一点至关重要，那就是坚持。每个人都有自己的理想，但有一点普通人和伟人是不同的，那就是面对实现理想的过程中的挫折时，两者有着截然不同的态度。普通人会直接否定自己的理想；优秀的人则会向前多走一步，最后放弃；只有各行各业的伟人，他们能够比普通人多走很多步，不达目标，誓不罢休。

目标课文三：理想

流沙河印象

"感人生之短暂，万事云烟散矣。知宇宙之浩渺，一己得失忘之。"

——《退休赋》

上面这句话出自著名作家流沙河先生的《退休赋》。自古以来，中国文人都有很严格的修身养性的自我要求，修身齐家治国平天下更是千年不变的古训，大多数人也都遵循着这样的顺序去释放自己的人生。不管自己之前的人生怎样，过了花甲之年，文人的风骨与天人合一的意识都会促使他们再次回到修身这一条道路上来。遗憾的是，随着现代经济社会的发展，人们有太多的东西要追求，有太多的事情要做，也就导致很多人活了一辈子，匆匆忙忙而不知所终。流沙河先生则用自己的实际行动说明了什么是真正有价值的人生。

生于天府之国的流沙河先生，一生跌宕起伏，现在已是80多岁的高龄。在"反右"和"文革"时期，因《草木篇》而被扣上了"右派""牛鬼蛇神"的帽子，随之而来的是二十年的劳动改造生活。试想一下，人生能有几个二十年呢？何况还是年华最为俊秀的二十年。

但老天终究还是公平的，它在给予流沙河先生巨大苦难的同时，也给予了他应对此种状况的超然心态。这种心态的养成并不是一蹴而就的，无数个日日夜夜的苦楚想必只有先生自己才能最真切地感受到。如今的他，精神矍铄，银发清朗，一种淡然恬静的气场在他的周围弥漫散发。过往的一切都已内化为天人合一的从容平和和宠辱不惊。

先生好书法，现在最喜的四个字就是"虚室生白"，这四个字在他古拙而纯正的书法中更显超脱和空灵。房间里的杂物越少，阳光才能有更大的生存空间。而现代人却往往忽视了这一点，心灵渴求阳光，但又盲目地将各种杂物（欲望）忙不迭地往里塞，最终自然不能如愿，痛苦自然不能避免。而先生早已脱离此阶段，将胸中的丝丝情愫放入更为宽广的天地之间，不争，不急，不怒，不悲！

就像他对财富所持的态度——富有富的活法，穷有穷的乐趣。这不是阿Q式的自我安慰，而是大起大落后的超然。穷富的差别不在于占有的多少，而在于心的容量。

"挑起一担，周身白汗阿谁识；放下两头，遍体清凉只自知。"流沙河先生常将这句话挂在嘴边，一切的一切，

都已化作平静生活中潺潺流水般的细微感知，世事的纷纷扰扰，人心的欲望交织，就像是太极中的两仪，看似黑白分明，实则紧密相连，要做到两者的平衡，唯有用良好的心态去体察它，平衡它！流沙河先生做到了！

人物简介

　　流沙河（1931—　），原名余勋坦，四川金堂人，当代诗人。流沙河诗作以记叙自己以往的生活遭遇和心理体验为主，作品结集为《流沙河诗集》《故园别》《游踪》《锯齿啮痕录》《独唱》《流沙河随笔》《庄子现代版》《Y 先生语录》等，迄今已出版小说、诗歌、诗论、散文、翻译小说、研究专著等著作 22 种。

拓展阅读

眼　睛

流沙河

天真的眼睛到处看到朋友

阴沉的眼睛到处看到敌人

恐惧的眼睛到处看到陷阱

贪鄙的眼睛到处看到黄金

忧愁的眼睛到处看到凄凉

欢笑的眼睛到处看到光明

两只眼睛常常发生矛盾

一只太天真
一只太阴沉
于是眼前一片混乱
敌人像朋友
朋友像敌人

目标课文四：我的信念

居里夫人：把一生献给科学

对科学家来说，诺贝尔奖的荣誉是至高无上的。能够获得这份奖项的无一不是在文明发展史上做出过突出贡献的人。其中就有一位在人格和科学水平上都达到前无古人，也很可能后无来者的女性科学家，她就是居里夫人。

居里夫人对人类科学界的贡献有目共睹：1903 年，经过 45 个月条件极为艰苦的实验，她和丈夫皮埃尔·居里一起，对放射性做出了震惊世界的分析和研究，因此获得了当年的诺贝尔物理学奖，居里夫人也因此成为历史上第一个获得诺贝尔奖的女性科学家。1911 年，居里夫人又因在分离放射性元素镭上的卓越贡献，被授予诺贝尔化学奖。此种荣耀，科学界无出其右。

居里夫人在人格品德上的高洁更是让世人敬仰赞叹。众所周知，放射性元素在医学、矿业、科技制造等方面有着极为重要的作用，但长期接触它们（尤其是在研究和保护措施都还很不完善的年代）会给身

体带来极大的伤害。为了从 9 吨沥青矿渣中提炼出重量仅为 0.1 克的纯镭，居里夫妇必须穿着沾满灰尘的工作服，一遍又一遍地搅拌重达九吨的沥青，这个过程中产生的刺鼻烟味经常会熏得人眼泪直流。不仅如此，长期研究放射性元素还给居里夫人带来了肺病、眼病、肾病、胆病，几乎身体上的每一个器官都遭到了不同程度的伤害，但这些都未能阻止她继续在科学研究之路上奋勇前进的脚步。她曾经主动要求推迟肾病手术，她曾经不顾失明的危险，一直默默地站在科学研究的第一线。最让人敬佩的是一生清贫的她，本可以通过为自己的研究成果申请专利获取巨额财富，但居里夫人却无私地将研究成果公之于众，以便让更多的人从这项研究中获益。

与居里夫人基本生活在同一年代的爱因斯坦曾经用很长一段饱含热情的话来表达自己对这位传奇女性的高度评价："在居里夫人这样一位崇高人物结束她的一生的时候，我们不要仅仅满足于回忆她的工作成果对人类已经做出的贡献。第一流人物对于时代和历史进程的意义，在道德品质方面，也许比单纯的才智成就方面还要大。即使是后者，它们取决于品格的程度也远远超过通常所认为的那样……居里夫人的品德力量和热忱，哪怕只要有一小部分存在于欧洲，欧洲就会面临一个比较光明的未来。在世界上所有著名的人物中，玛丽·居里是唯一没有被盛名宠坏了的人。"

看了爱因斯坦的评价之后，我们再回过头来看看居里夫人对人生的一个论断："如果能随理想而生活，本着正直自由的精神，勇往直前的毅力，诚实不自欺的思想而行，一定能臻于至美至善的境地。"

读到这里，我想大家也都明白了，也只有这种执着于理想的态度，才有资格担负起所有的盛名，才能赢得同时代同样伟大的人的由衷钦佩和高度赞誉，才有淡然面对荣誉、疾病、财富的坦荡心胸。

居里夫人在弥留之际所做的最后一件事是让女儿向她报告实验室里的工作情况，她以这种方式完美地诠释了一切的一切。

素材宝库

居里夫人·经典语录

● 我们应该不虚度一生，应该能够说："我已经做了我能做的事。"

● 如果能追随理想而生活，本着正直自由的精神、勇往直前的毅力，诚实不自欺的思想而行，一定能臻于至美至善的境地。

● 我认为，你们必须从一种理想主义中去寻求精神力量。在不使我们骄傲的情况下，这种理想主义可把我们的希望和幻想上升到一个很高的境界。

● 人类也需要富有理想的人。对于这种人说来，无私地发展一种事业是如此的迷人，以至他们不可能去关心个人的物质利益。

拓展阅读

一生"吝啬"的居里夫人

谁能想到，举世闻名的居里夫人却有一个颇为不雅的称号——一辈子匆忙的贫穷妇人。说起来，这些都源于居里夫人为了科学研究而全身心投入的一些生活小故事。

1895 年，居里夫人对丈夫增加几把椅子的提议做出了这样的回答：

"有椅子是好的，可是，客人坐下来就不走啦。为了多一点时间搞研究，还是算了吧。"最后，同样挚爱科学研究的丈夫欣然接受了这个解释，觉得家里只有两把椅子挺好的。

另外一件"趣事"则是居里夫人总会从国外带回一些质量很好的菜单，目的是为了方便在菜单背后书写。其实，那个时候居里夫人的年薪已经超过 4 万法郎了。

目标课文五：真正的英雄

航天英雄杨利伟的航天梦

实现飞天梦想是中华民族千百年来的期盼，我们不应该忘记第一个实现这种期盼的人，他就是杨利伟。

众所周知，成为飞行员很难，成为航天员更难，但杨利伟完美地实现了从飞行员到航天员的跨越，不仅实现了自己的飞天梦，更实现了整个中华民族的飞天梦。

回望这一圆梦的历程，我们会发现太多的艰辛和挫折值得关注，正是这些故事和挫折让飞天梦想有了充实的内容。

1983 年 8 月，杨利伟带着骄傲和自豪的心情踏入了空军第二飞行预备学校，他没有理由不自豪、不兴奋，那里的一切都那么的新鲜，那里离蓝天那样近。

之后杨利伟迎来了自己的第一次考验，滚轮、旋梯、长跑、单杠、双杠、短跑、文化基础课程训练，繁重的训练任务一股脑儿地压下来，让他有些喘不过气来。但他知道，这个时候必须坚持，不然还谈什么飞天梦呢？

终于，经过自己的不懈努力，杨利伟于1984年8月进入了空军第八航校，正式开始了飞行训练课程。在这里，他接

触到了飞机，飞机带来的兴奋还没消散，日复一日的训练和高达90%的淘汰率所带来的压力就扑面而来，稍有懈怠，就有可能和蓝天失之交臂。

最终，杨利伟用优异的成绩证明了自己。正式进入飞行部队之后，杨利伟经历了三次大的"精简调整"，幸运的是，他顽强地撑了下来，在歼击机部队中忠实地履行着一名军人的职责。

后来，中国载人航天工程开始大规模启动，杨利伟表现出众，于1998年进入了中国人民解放军航天员大队，为进入更广阔的空间而努力。

航天员要应对更为复杂的环境，要付出更多的努力。航天员的训练课程里，增加了许多之前没有接触过或接触得不够深的东西，如飞行动力学、天体力学、飞船结构、空间导航、太空飞行测量控制与通信、载人航天知识、前庭功能训练、失重飞机飞行训练、跳伞训练、航空飞行训练、飞船着陆冲击训练等。杨利伟用坚强的毅力将这些拦路虎一个个地吃掉，最终登上了中国的第一艘载人航天飞船。

2003年10月15日，这是一个收获的日子，对杨利伟、对中华民族、对世界航天事业，都是如此，这不仅是科技的胜利，更是理想的胜利，难道不是吗？

探究乐园

比加加林更早登陆太空的英雄

如果要问谁是登陆太空的第一人，百度知道会告诉你是苏联人加加林。但是，严格说来，最早真正踏足太空的航天英雄应该是另一个名字——哈姆，只不过哈姆和人还有一点儿小小的区别，只能说是人类的一个亲戚先登上了太空。

探索太空一直是人类的梦想，现在科技进步了，人类登月早已成了现实。但是在50年前，全世界只有两个超级大国拥有探索太空的实力：美国和苏联。而哈姆，就是一只被美国人寄予厚望并率先飞天的黑猩猩宇航员。

拓展阅读

太空飞行里程碑

1992年5月7日，为代替挑战者号而建造的奋进号航天飞机顺利升空，从而使美国的航天飞机又恢复了发射能力。

1994年2月4日，日本自行研制的大型运载火箭H-2首射成功，将两颗科学卫星送入预定轨道，尔后又成功回收了其中一颗卫星，日本成为继美、俄、中之后第四个掌握卫星回收技术的国家。

1994年2月8日，中国新研制的大推力运载火箭长征三号甲在西昌卫星发射中心首次试验发射成功，将实践四号空间探测卫星和东方红三号模拟星送入预定轨道。

1994年10月15日，印度用自行研制的PSLV运载火箭发射了一颗重870千克的极地遥感卫星，印度成为第六个具有大型运载能力的国家。

目标课文六：夸父逐日

古蜀先民的太阳崇拜

纵观人类的文明发展史，可以看出一个很简单又很清晰的脉络，那就是崇拜物的流变。现在人们崇拜的是科技，而将时光倒转，可以看到，千百年前，人类更多

的是崇拜天、地、自然、图腾、祖先等，这种崇拜对象的转变其实也表明了人类在认知自然规律、掌握自身命运方面的巨大进步。

不过在先民的崇拜对象中，有一个是比较特殊的，那就是太阳。人们祭拜风雨雷电，是因为能直接感受到它们的巨大能量，心生恐惧和敬畏。而太阳对人们的生活影响似乎不那么显而易见，但它却受到了世界各地先民的一致推崇，当真是一件让人疑惑的事情。

历史学家曾经对太阳崇拜很盛行的蜀地（今成都地区）进行过深入研究，他们得出结论，认为这是古代先民根据自身在生产过程中的一些模糊认识，对太阳产生了热烈崇拜。就拿进入新石器时代之后的农业生产来说，以往的渔猎生活和太阳之间没有什么明显和直接的联系，但开始进行农业种植之后，先民们就会意识到太阳的重要性。如果连续一段时间处于阴雨天气，很有可能导致整季农作物颗粒无收。这就直接关系到他们的生死存亡。先民们认为太阳具有主宰人类生死

存亡的力量，能够掌控万物的生长。太阳有时出现，有时不出现，有时比较热，有时又不那么热，现在，我们觉得这些现象非常正常，但是在先民们的眼里，则变成了太阳在情绪上喜怒哀乐的变化，太阳崇拜至此也就发展得更为普遍。

成都平原土壤比较肥沃，夏季多暴雨，秋季多绵雨，很多地区平均降水量达到了 1000 毫米以上，正是这样特殊的气候环境，导致祈求丰收的蜀地先民对难得一见的太阳有了极为深厚的感情，并从中演化出各种各样的太阳崇拜文化。

其实，不仅蜀地有太阳崇拜，广西壮族自治区也有这样的历史文化。广西壮族自治区宁明花山有一幅非常形象的岩画，详细描绘了壮族先民对太阳的深厚感情。岩画中不仅有各种形态的太阳（有光束的、没光束的、中间有"＋"号的），还有众人双手高举，虔诚祈求日出的景象。此地太阳崇拜的原因也和蜀地一样，是为了避免农作物在成长的关键时期遭遇长时间的阴雨天气。

由此可见，对太阳的各种形式的崇拜，其实也说明先民们的一种最为朴素的理想和期待，为了这些希望，他们愿意做出各种各样的努力，即便这种努力并不科学，甚至徒劳无功，他们也甘之如饴。

知识卡片

说到祭日，就不能不谈到各个时期不同的祭日文化。

夏、商、周三个朝代因文化的差异在祭日的时间选择上有很大的差异。夏代的人喜欢黑色，他们选择在太阳下山的时候祭拜；商代的人喜欢白色，所以将祭拜的时间定在烈日当空之时；而周朝的人喜欢红色，就将祭拜时间点定在了早晨和黄昏。每年的立春、立夏、立秋、立冬，三公、九卿、诸侯、大夫都会随天子一起到郊外举行盛大的祭日仪式。

探究乐园

神话传说是先民们对生活状态的一种想象和演绎，人们熟知的后羿射日就是对当时大旱天气的一种演绎。古代的一些著名典籍中都有记载："昔者十日并出，万物皆照"（《庄子·齐物论》），"儒者传书，言尧之时，十日并出，万物焦枯"（《论衡·感虚》）。我们可以从侧面感受到干旱的酷烈，老百姓正是因为饱受其苦，才用这些传奇的故事来安慰心灵。

目标课文七：中国人失掉自信力了吗

中国人，不能失掉自信力

姚明，这位身高 2.26 米的大高个儿，虽然已经结束了自己的篮球生涯，逐渐淡出公众的视野，但他带给中国人的精神财富却在不断地增长。因为他向全世界展现了一个当代中国人不卑不亢的积极姿态，而这恰恰是当今国人普遍缺失的一种修养。

回望历史，我们有太多值得骄傲的资本：用再华丽的辞藻来修饰也不为过的四大发明，各个朝代丰富多彩的文化瑰宝……所有的一切都在

向全世界昭示：中华民族是一个伟大的民族，我们应该信心满满地屹立于世界民族之林。

但遗憾的是，近代中国的遭遇打破了这种自信，一场又一场的败仗，一个又一个丧权辱国的条约，古老的中国完全被这种情况搞懵了。这还是那个曾经傲视群雄的大中国吗？不是，绝对不是！

所以，很多人都从以往的高度自信一下子跌入了极度自卑的境地，崇洋媚外，对外国的"月亮"总会生出一种莫名的好感，心理上低人一等的感觉总是挥之不去。

但其实情况并不像那些人想象的那么糟糕，中国获得了第二次世界大战的胜利，中国是联合国的五个常任理事国之一，中国有解决了世界很多国家粮食问题的杂交水稻，中国还有很多很多……

不管是在过去、现在还是未来，中国人一直都不比别人差。我们能做到的，别人不一定能做到；别人能做到的，我们不一定做不到。当代中国最需要的就是姚明这种超越国界的自信。美国职业篮球的水平确实比国内高，体制确实要比国内成熟，那么，我抱着学习的态度加入到这个游戏当中，我认可和钦佩你们的能力，但仅此而已。你们能做到的，我经过学习也一样能做到。而姚明也确实做到了，他不仅有大量的国内球迷，还有一大批忠实的美国粉丝。

这就是当代中国自信的最好体现，所以当一个记者问一个小孩未来的理想是什么，这个小孩毫不犹豫地回答"留学外国"的时候，我们应该感到欣慰，而不是惊诧和慌乱，如果我们能包容这种想法，那就说明我们真正在国民心态上做到了不卑不亢，实现了民族心态上的真正复兴。

探究乐园

《中国人失掉自信力了吗》这篇文章写于 1934 年 9 月 25 日，当时正是九一八事变和七七事变之间。当时的中国，已经处于一个十分危险的境地，东三省被日本人事实占领，国内各股政治势力的派系斗争没完没了，主流舆论面对此种情况，看衰中国未来前景的声音此起彼伏。8 月 27 日《大公报》就发表了一篇宣传此种论调的文章《孔子诞辰纪念》："民族的自尊心与自信力，既已荡焉无存，不待外侮之来，国家固早已濒于精神幻灭之域。"时年 53 岁的鲁迅先生对这种状况非常不满，愤而写下了《中国人失掉自信力了吗》这篇文章，以期提振国民士气。

拓展阅读

在鲁迅先生眼里，自信力不仅意味着一种自信的态度，而且意味着一种能否自信的能力，其与"他信力"的概念截然相反。拥有自信的能力才能真正成为一个有前途的民族，一个拿得起放得下的民族。

鲁迅先生说过这样的一段话："我们从古以来，就有埋头苦干的人，有拼命硬干的人，有为民请命的人，有舍身求法的人……虽是等于为帝王将相作家谱的所谓'正史'，也往往掩不住他们的光耀，这就是中国的脊梁。"

被"他信力"弄得直不起腰杆的人，无论如何也称不上民族的脊梁，那些真正的中国脊梁才是中国最宝贵的财富。

目标课文八：愚公移山

愚公旧梦今终圆

愚公移山的故事相信大家都曾经听说过：老愚公为了整个家族的长远发展，立志要搬掉家门口的王屋、太行两座大山，这期间有人说风凉话，认为他的行为很愚蠢，根本不可能达成预期的目标。而老愚公只用了一句"子子孙孙无穷匮也"表明自己不达目标誓不罢休的决心和毅力，最后上天被愚公的赤诚感动了，派了两位神仙把这两座山给移开了。故事大抵如此，之所以广为人们传颂，更多的是因为愚公的精神鼓舞了后来人：

只要信念坚定，没有什么干不成。古今文学家、艺术家、政治家都曾经运用这个传说。毛泽东就曾用愚公移山的故事鼓舞和教育人民发扬艰苦奋斗的精神。

故事归故事，现实中确实有王屋山，山上还有一个王屋乡，乡中就有一个愚公村。这个村的交通条件也和故事中所描绘的一样，山势陡峭，极大地限制了当地的经济发展，也给百姓的生活带来了极大的不便，到县里开个会都要先走50多千米的山路，养的猪和羊也因为交通问题长期不能转化为经济利益。面对此种情况，就不难理解当年愚公立志要移走大山的心情。

如今，愚公想要移走的大山已经被双向两车道的济邵公路所代替，这条公路将愚公村和35千米外的济源市区直接连通。在一次采访中，济源市记者协会秘书长赵公文不禁感叹，自己1986年离开邵原镇老家时，那是何等的艰难。而现在仅仅需要几十分钟的时间就可以从市区直达愚公纪念广场，看着双手叉腰，荷锄而立的愚公像，走在宽阔平坦的柏油路上（1987年济邵公路开通，之后又在1997和2000年间进行了大修，通行情况得到了很好的改善），自然会产生联想，如果愚公从雕像中复活，看到这样的景象，心中会做何感想？这倒也暗合了愚公"子子孙孙无穷匮也"的预言（谁敢说济邵公路的建设者中没有愚公的后代呢），他的后人们终于还是打通了这条通往幸福生活的康庄大道。

📚 素材宝库

信念希望·名人名言

● 最有希望的成功者，并不是才干出众的人，而是那些善于利用每一时机去发掘开拓的人。　　　　　——（古希腊）苏格拉底

● 信念！有信念的人经得起任何风暴。　　——（古罗马）奥维德

● 信心是命运的主宰。　　　　　　——（美）海伦·凯勒

● 人多不足以依赖，要生存只有靠自己。　　——（法）拿破仑

● 有信心的人，可以化渺小为伟大，化平庸为神奇。

——（爱尔兰）萧伯纳

● 生活于愿望之中而没有希望，是人生最大的悲哀。

——（意大利）但丁

拓展阅读

毛泽东同志十分喜欢愚公移山这个典故，曾经在很多场合中提到，比如说中共七大的闭幕演讲："现在也有两座压在中国人民头上的大山，一座叫作帝国主义，一座叫作封建主义。中国共产党早就下了决心，要挖掉这两座山。我们一定要坚持下去，一定要不断工作。我们也会感动上帝的。这个上帝不是别人，就是全中国的人民大众。"而更让人佩服的是他会根据不同的形势，辩证地赋予这个典故以新的内涵，新中国成立前主要是为了表现一种坚韧不拔的精神面貌，而新中国成立后则转化为对改变贫穷落后面貌的坚定决心。

第二章
感悟生命

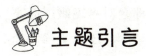 **主题引言**

人，最宝贵的东西是生命，它给予我们只有一次。人的一生应当这样度过：当他回首往事时，不因虚度年华而悔恨，也不因碌碌无为而羞耻；这样在他临死的时候，他就能够说："我已经把我整个生命和全部精力，都献给了世界上最壮丽的事业——为人类的解放而斗争。"

——《钢铁是怎样炼成的》

就让我们在保尔·柯察金对生命壮怀激烈的感悟中开始这一章的旅程吧！

目标课文一：生命 生命

飞蛾为什么要扑火？

人类文明发展到今天，仍然有许多未解之谜在困扰着我们，比如飞蛾为什么要扑向熊熊燃烧的火苗。长期以来，人类一直认为生物界中唯一一种可以掌控自己命运的就是人类自身，因为其他生物不管具有多么强大或者神奇的能力，始终无法克服自身的重大缺陷，它们不可能像人类一样思考问题，因为它们没有思想。

虽然人类无法与自然界的生物直接沟通，人类还无法完全揭开动物们的谜团，但人类已经领悟到了一些可能造成飞蛾扑火的合理原因。

法国昆虫学家法布尔在《昆虫记》中记录下了一个奇特的景象：当雌飞蛾和灯光在一起的时候，大多数雄飞蛾都会对雌飞蛾视而不见，径直飞向光度最高的地方。因此有研究者猜测，雌飞蛾释放的性外激素能吸引雄飞蛾，是因为性外激素能发射某种红外线，而灯火也能发射这种红外线，而且更加强烈，因此雄飞蛾把灯火当成了超级雌飞蛾。

不过这种推论到目前为止还没有得到实验的有力证明，只是一种假说。20 世纪 30 年代，德国昆虫学家冯·布登布洛克提出了另一个有趣的假设：飞蛾在生物学上的发展历史远远长于人类，在人类大量使用火和发明人工光源之前，飞蛾的趋光性是没什么危险的，因为那时候夜晚最主要的光源是月亮，月亮的反射光线不会对飞蛾造成任何伤害，加之月亮距离地球十分遥远，飞蛾在地球上的空间移动距离几乎可以忽略不计，所以月光就成为一个很可靠的飞行方向参照物。

后来，英国曼彻斯特大学罗宾·贝克等研究人员为了验证这个假说，做了一个实验，在空旷的户外，设置一个支架，然后在一只实验飞蛾的背上连接一根细线。这根细线会和一些电子仪器连接在一起，只要飞蛾动起来，就能获得完整的运动轨迹图。实验证明，月圆之夜，飞蛾确实以月亮为参照物，飞出了一条整齐的直线运动轨迹，而在乌云笼罩或者遮住飞蛾眼睛的情况下，飞行轨迹则杂乱不堪。

虽然这个实验也没能完全解开飞蛾的扑火之谜，但至少已经在一定程度上说明了飞蛾扑火不是因为它们有意识地想要结束自己的生命，恰恰相反，它们那样做是为了生活得更好或者让整个族群更加壮大。只不过火和人工光源的大量运用，导致了这一生存本能受到了无情的欺骗。

知识卡片

飞蛾属于昆虫纲中的鳞翅目，生性喜光，外表没有光鲜的色彩，多在夜间活动。大多数蛾类是农林作物的害虫，但这其中也有少数为益虫，能为植物传播花粉、为人类提供衣物原料。

拓展阅读

　　利用天体进行方向追踪，可以说是动物的本能，人类也不能例外。比如说，在很早的时候，远古先民们就已经学会利用北极星和北斗七星指引方向的方法。人类还利用智慧对这一方法做了进一步的延伸，利用更精密的工具来协助定位，例如，中世纪航海家制造的各种仪器，当今时代出现的自控导弹（利用天上特定位置的两颗天体相互之间的光照来引导导弹的飞行方向），太空中越来越多的人造卫星等。

目标课文二：落难的王子

世上没有不可忍受的苦难
——周国平自述

　　《落难的王子》这篇寓言是有感而写的。在写作时，我自己正遭受着一个灾难。当时，我有了一个女儿，出生不久便被诊断患有绝症，注定夭折。我确实听到了旁人的叹息，说如果这样的灾难落在他们头上，他们可受不了。我回想起以前看到别人遭受灾难时，我自己也会有类似的心理感受。于是，产生了这篇寓言的构思。

　　在寓言中，别人对我的灾难的叹息是一个事实，完全是来自生活的。我虚构了一个王子，通过王子对别人的灾难的叹息，我对王子的灾难的叹息，衔接上别人对我的灾难的叹息，揭示了这样的叹息的普遍性及其没有道理。

在这个世界上，的确每天都在发生着灾难。可是，通常的情况是，当灾难没有落到我们自己头上时，作为旁观者，我们往往不敢设想这灾难落在自己头上怎么办。然而，事实上，一旦这种情形发生——它完全可能发生——你就必须承受，往往也就能够承受。王子说的话是一个真理："凡是人间的灾难，无论落到谁头上，谁都得受着，而且都受得了。"为什么呢？因为最低限度，生命本能会迫使你正视和迎战灾难，不让自己被灾难打倒。

所以，这篇寓言讲的是应该如何对待苦难的道理。这道理有两条：第一，苦难是人生的题中应有之义，我们切不可怀侥幸的心理，认为苦难只会落在别人头上，而应该对自己遭遇苦难有足够的精神准备；第二，一旦遭遇苦难，我们就要勇敢地面对，以有尊严的态度来承受。

我曾写过以下这段话，可做理解这篇寓言的参考："定理一：人是注定要忍受不可忍受的苦难的。由此推导出定理二：所以，世上没有不可忍受的苦难。"

生性多愁善感的王子，遭遇厄运后历尽苦难的磨练，性格坚强起来了，所以能够顽强地面对厄运。

每个人在成长的过程当中，都有软弱的时候，都会遇到种种困难，我们要迎上去，去战胜它，去克服它。生在人间，当苦难不期而至时，不要逃跑，承受它！

虽然遭遇厄运是坏事，但是它能使脆弱的人变得更加坚强，而且敢于挑战命运！

人物简介

周国平（1945— ），上海人，1968 年毕业于北京大学，后到湖南农场劳动一年半，然后分配到广西资源县工作；1978 年进入中国社会科学院研究生院哲学系，先后获哲学硕士、博士学位；1981 年从中国社会科学院研究生院毕业后，进中国社会科学院哲学院工作至今。

阅读感悟

"凡是人间的灾难，无论落到谁头上，谁都得受着，而且都受得了。"这是一种生命的担当。每一个人都有趋利避害的本能，谁也无法改变。但厄运降临，我们避无可避之时，又当如何呢？谁会在乎你的性格是坚强还是柔弱，谁能真正帮你扛起肩膀上的重担？没有人，真的没有人！落难王子的感悟适合于世间的任何人，在灾厄面前，我们唯一的选择就是坚强！

目标课文三：盲孩子和他的影子

一人一琴一盲杖

2009 年，一张名为《红色推土机》的民谣合辑面世，其销售所得全部捐献给贫困盲童。这项活动的发起人正是我国著名的盲人民谣歌手——

周云蓬。

九岁时，花花绿绿的大千世界就从周云蓬的世界消失了，从此，只有无尽的黑暗陪伴着他。

即便眼前只有黑暗，他也要用手、鼻子、双脚、皮肤等一切可能的方式让生命变得多姿多彩起来。他相信，上帝在关闭一扇窗的时候，一定会打开另外一扇门，关键是怎样去发现它。

周云蓬是一个喜欢学习并热爱阅读的孩子，经过不懈的努力，盲文书中的唐诗宋词变成了他身体的一部分，泰戈尔的《飞鸟集》也已内化为生命的一种情怀。周云蓬不断地告诫自己，要像正常人一样独立思考，独立生活。

周云蓬是这样想的，更是这样做的，他以优异的成绩考入长春大学特教学院中文系，站在学校的操场上，心中涌动的是生命澎湃奔流的激情，他飞奔，他狂吼，这样疯狂地表达既是为之前的付出喝彩，更是为未来鼓劲。

大学四年的锤炼和思考，让周云蓬对生命和人生有了更为清醒的认识：因为一次意外，世界上有了两个我，一个是残疾的我，一个是健康的我。前者是身体上的，后者是灵魂上的，就其本质而言，两个我都只是一种可能变成现实的背景，如果把身体上的残疾换成精神上的残疾，后果更加不堪设想。既然残疾的我无法改变，那就应该将健康的我做得更好。就像史铁生在《扶轮问路》中所表达的那样，除了眼睛，还有很多可以"问路"的途径，主要看自己能否勇敢地走下去，饱含生命激情地走下去。

一人一琴一盲杖，简单的物件，简单的灵魂，周云蓬义无反顾地踏上"问路"征程。在他的世界里，身安处即是心安处，喧嚣抑或是清冷的街头、肮脏的火车座椅之下、石渣互相挤压的路基、觥筹交错的酒吧、专属于他一个人的舞台，这些场景的变化都会带给他各种生命体验，然后将这些体验变成跳动的音符，冷静的诗歌。大半个中国的游历生涯，已经让周云蓬找到了专属于自己的那一块净土——对世间万物的悲悯之心。

周云蓬的歌声中，无时无刻不流露出那种直刺人心的悲悯情怀，这就是周云蓬，一个吟游诗人，一个盲歌手，一个常怀悲悯情怀的长发男子！

人物简介

周云蓬（1970—　），辽宁人，盲诗人、民谣歌手。他9岁失明，留在视觉中的最后印象是动物园里的大象用鼻子吹口琴；15岁开始弹吉他，23岁大学毕业后游历十余个城市，以弹唱为生。周云蓬的诗歌《不会说话的爱情》获得2011年度人民文学奖诗歌奖。

拓展阅读

《红色推土机》是一张很特别的专辑，歌曲主要为儿歌，演唱者全部是以思想性和批判性见长的著名民谣歌手。

发行这张专辑，其实是周云蓬帮助贫困盲童计划的一部分，他希望能为那些贫困的残疾孩子送去需要的乐器、读书机、MP3播放器，开拓他们的思维，放飞他们的想象，以更为坦然的心态去面对不期而至的苦难。

目标课文四：斑羚飞渡

藏羚羊的跪拜

在藏北高原，流传着一个催人泪下的悲怆故事。

藏牦牛、大胡子、猎枪、毡帽、长筒靴，这就是老猎人的生活，没有儿女，没有家，没有亲人，没有朋友。他就像是天地间一个可能存在又可能不存在的人物，常年在藏北高原上游猎，大口地吃黄羊肉，大碗地喝酥油茶。天地万物于他而言，似乎没有什么意义，老猎人像一片浮云，一个过客，静静地来到雪山之下，静静地来到江河源头。

不过这宁静被一只藏羚羊彻底打破了。

那天清晨，老猎人打死了一只向自己下跪，眼角还留有两道泪痕的肥壮藏羚羊。那天黄昏，老猎人埋葬了一大一小两只藏羚羊。之后，藏北高原再也没有老猎人天地独行的身影。

那是空空荡荡的青藏高原上普普通通的一天，一个老男人，一只雌藏羚羊，一只还没有感受过阳光的小羚羊，他们共同演绎了一段并不普通的故事。

藏羚羊怀有身孕，自知不可能逃出老猎人的枪口，看到他走出帐篷后，并没有逃跑，它跪下了，两行清泪顺着眼角慢慢滑下。如果自己的肚子里没有孩子，即便逃生的机会再小，它也会奋力一搏，那是一种求生的本能，更是身为高原藏羚羊的一种尊严。但现在情况不一样了，上天赐予了它一个孩子，为了

这个孩子，雌藏羚羊愿意冒任何风险，只要有一丝希望，它就会付出所有的努力。很不幸，雌藏羚羊还是没能保住自己的孩子。

当老猎人忐忑不安地剖开藏羚羊的肚子时，藏羚羊的腹腔在刀刃下打开了，他吃惊地叫出了声，原来藏羚羊的肚子里，静静卧着一只小羚羊，它已经成型，自然是死了。这时候，老猎人才明白藏羚羊是在求自己留下它孩子的一条命呀！老猎人的开膛破肚半途而停。当天，他没有出猎，在山坡上挖了个坑，将那只藏羚羊连同它没有出世的孩子掩埋了。

从此，这个老猎人在藏北草原上消失了，没有人知道他的下落。

知识卡片

作为我国的一级保护动物，藏羚羊是高原上一颗闪耀的明星。藏羚羊身上那弹性和保暖性都极佳的绒毛在市场上极受欢迎，有"羊绒之王"和"软黄金"之称。巨大的商业利益使人们大肆捕杀藏羚羊，藏羚羊数量越来越少。为了更好地保护这些高原瑰宝，相关部门已经将藏羚羊列入了《濒危野生动植物种国际贸易公约》。

拓展阅读

藏羚羊越来越少的原因并不是高原自然环境的变化导致的，人们大规模偷猎才是最根本的原因。藏羚羊的绒毛极受欢迎，大批偷猎者进入藏羚羊的生存区，展开了一轮又一轮的猎杀，并形成了一条完整的偷猎——运输——加工——销售链条。这种体系的建立，无形中扩大了市场对藏羚羊的需求，对藏羚羊而言，无疑是相当糟糕的一件事情。

在偷猎最猖獗的时期，一晚上就可能有数百只藏羚羊遭遇不测，然后皮毛被装入麻袋，通过大卡车拉到相隔不远的格尔木和拉萨的黑市进行交易，商贩以每张 500 元以上的价格进行收购。当然，这还只是这个肮脏产业链条上的第一步。当地的购买者会雇人对藏羚羊的皮进行加工，取下上面的绒毛，之后，这些市场价格奇高的绒毛会辗转进入邻国尼泊尔，再次进行加工，最后变成可以在市场上公开销售的奢华消费品。就这样，大量藏羚羊的生命变成了一小撮贵妇人身上的披肩。

要真正保护好藏羚羊，不仅要在打击偷猎方面加大管理力度，更应该在社会上培养一种意识——没有使用，就没有杀戮，只有双管齐下，"高原明珠"的将来才有保障。

目标课文五：热爱生命（节选）

可敬的少年作家——杰克·伦敦

美国有这样一位作家，他出生于一个生活潦倒的农民家中，接受正规学校教育的时间也只有短短的几年，他干过各种被人认为没有前途的工作，如风里来雨里去的水手、沿街叫卖的报贩、没什么技术含量的工人。他还曾经是"丐帮"的一员，和一群整天四处流浪、时不时还会干一些小偷小摸的人共同生活。但这些经历并没有成为阻碍他前进的绊脚石，反倒让他对生活有了更深刻的体验，同时也更加刺激了他改变自己生存状态的决心和斗志。后来他通过不懈努力，成了美国的"无产阶级文学之父"，作品畅销全球，他就是美国著名作家——杰克·伦敦。

说起这位传奇作家的成功经历，就不得不提到他超乎常人的自学精神。这种可贵精神主要体现在两个方面。一是在持续接纳外界信息方面。杰克·伦敦对那种四处漂泊、无所归依的生活感到极度厌倦之后，做出了一个重要决定，他要把自己的所见所闻、所思所想表达出来，将各种社会底层的生活现状以文字的形式呈现在大家的面前。不过他也很清楚，自己虽然有丰富多彩的生活经历和人生感悟，但接受的教育很少，在思考的高度和视野的广阔方面都有比较大的缺陷，以这样的状态去写作，成功的可能性是微乎其微的，他需要不断地补充营养，弥补自身在知识积累上的缺陷。

从此以后，杰克·伦敦开始了疯狂的阅读过程，他要从其他人的著作当中尽可能地吸收营养。他读书的投入让当时的人们十分震惊。因为他不仅阅读的范围十分广阔，文学、哲学、经济等一网打尽，阅读的深度也远远高于一般人。以至于当时有人用这样的句子来表达对杰克·伦敦读书的惊叹："当他遇到一本好书时，他并不用小巧的撬子偷偷地撬开它的锁，然后窃取其中的内容，而是像一匹作势跳跃的饿狼，把牙齿没进书的咽喉，凶猛地摇摆，既而把它克服，然后舔尽它的血，吞掉它的肉，咬碎它的骨头，直到那本书的所有纤维和筋肉成为他的一部分，用它的力量补养他，然后才罢休。"

由此可见，为了充实自己，杰克·伦敦付出了多少常人难以理解的努力。

在持续输出自我整合信息方面，杰克·伦敦也付出了很多努力。当杰克·伦敦有了一定的知识积累之后，他发现仅仅读书是远远不够的，就像人需要两条腿走路一样，写作也要有两条腿，一条是读，另一条则是写，二者缺一不可。因此他又在写这一条道路上展现了自己特别的疯狂状态。为了和自身的惰性做斗争，他给自己制定了一个苛刻的计划：不管在什么样的情况下，都应该保持每天至少一千五百字的写作量，风雨无阻。为了避免自己出现为了写作而写作的情况，为了使文章写得准确、鲜明、生动，为了掌握大量的、丰富的词汇，他还特意准备了字典、卡片等多种工具，不时查阅，以达到通过写作真正提高水平的目的。

就是在这样一种极尽严酷的自学精神的支撑下，杰克·伦敦成功地实现了自己的作家梦想，二十二岁的时候一炮而红。这也可以算是天道酬勤的一种表现吧！

人物简介

杰克·伦敦（1876—1916），美国著名的现实主义作家，早年当过报童、工人、水手，到过日本。他一生共创作了约 50 卷作品，其中最为著名的有《野性的呼唤》《海狼》《白牙》《马丁·伊登》和一系列优秀短篇小说《热爱生命》《老头子同盟》《北方的奥德赛》《马普希的房子》《沉寂的雪原》等。

素材宝库

热爱生命·名人名言

●生命的用途并不在长短，而在我们怎样利用它。许多人活的日子并不多，却活得很长久。　　　　　　　　　——（法）蒙田

●世界上只有一种英雄主义，那就是了解生命而且热爱生命的人。

——（法）罗曼·罗兰

●尊重生灵、尊重他人也尊重自己的生命，是生命进程中的伴随物，也是心理健康的一个条件。　　　　　　　　——（美）弗洛姆

●为了解人生有多么短暂，一个人必须走过漫长的生活道路。

——（德）叔本华

●为着追求光和热，人宁愿舍弃自己的生命。生命是可爱的。但寒冷的、寂寞的生，却不如轰轰烈烈的死。　　　　　——巴金

目标课文六：谈生命

热爱生命，关爱孩子

冰心在国人心中的地位很特殊，作为文学家，她就像是一个永远不老的精灵，活在我们的心中。

冰心并不属于那种以思想的深度或者艺术形式上的创新见长的作家，但她的作品中时时透出一股灵气，这种灵气的根源就在于她对这个世界深层的爱。请看下面这一段段如小溪般缓缓流淌的句子，相信

这比任何旁人的解读更能让我们理解冰心那份与生俱来的精灵气质。

"宇宙是一个大的生命，江流入海，落叶归根，我们是宇宙中的一息，我们是大生命中的一分子。不是每一道江流都能流入大海，不是每一粒种子都能成熟发芽，生命中不是永远快乐，也不是永远痛苦，快乐与痛苦总是相辅相成的，在快乐中，我们要感谢生命，在痛苦中，我们也要感谢生命，因为快乐、兴奋、痛苦又何尝不是美丽呢？"

"别离碎我为微尘，和爱和愁，病又把我团捏了起来，还加上一分智慧。我起来试走，我躯体轻健。我举目四望，我眼光清澈。遍天涯长着萋萋的芳草，我从此走上远大的生命的道途。感谢病和别离，二十余年来，我第一次认识了生命。"

"正是许多小读者们，使我永远年轻。我想从 1981 年起，'生命从八十岁开始'，努力和小朋友们一同前进！"

"我写儿童通讯的时节，我似乎看得见那天真纯洁的对象。我行云流水似的，不造作，不矜持，说我心中所要说的话。"

"假如生命是无趣的，我怕有来生，假如生命是有趣的，今生已是满足的了。"

"我不敢说生命是什么，我只能说生命像什么。"

不管是对身边的花花草草、猫狗虫鱼还是远在全国各地的小朋友，这位世纪老人都以一种高洁的情怀去对待，以一颗不老的童心让世间的生命插上翅膀，飞离浮躁和焦虑，更多地看到万物的有趣之处。

📚 人物简介

　　冰心（1900—1999），我国著名文学家、诗人、翻译家、儿童文学家。曾任中国民主促进会中央名誉主席，中国文联副主席，中国作家协会名誉主席、顾问，中国翻译工作者协会名誉理事等职。她活到99岁，被称为"世纪老人"。冰心一生笔耕70余年，才华横溢，作品非常丰富，其小说、诗歌、散文、翻译等作品，充满了对大自然的挚爱之情，她讴歌童心和母爱，深受读者的喜爱。主要作品有：诗集《繁星》《春水》，散文集《寄小读者》，译著《吉檀迦利》《泰戈尔抒情诗选》等。

💡 素材宝库

冰心·经典语录

●一个人只要热爱自己的祖国，有一颗爱国之心，就什么事情都能解决了。什么苦楚，什么冤屈都受得了。

●成功之花，人们往往惊慕它现时的明艳，然而当初，它的芽儿却浸透了奋斗的泪泉，洒满了牺牲的血雨。

●世界上若没有女人，这世界至少要减少十分之五的真、十分之六的善、十分之七的美。

●假如生命是无趣的，我怕有来生，假如生命是有趣的，今生已是满足的了。

●读书好，多读书，读好书。

●有了爱就有了一切。

●人生的道路，到底是平坦的少，崎岖的多。

目标课文七：那树

沙漠里的生命树

公元 346 年，有一位智者在埃及的塞贝多沙漠里随手插下了一根巴旦杏树手杖，然后对一位想皈依伊斯兰教的小伙子小约哈尼说道，要想皈依，既要看缘分，又要看是否有足够的诚意和耐心，现在我的手杖就在这里，只要你能够让它重新发出枝丫，开花结果，那么你就算是通过考验了。

这个考验所要面对的困境着实不小，毕竟这是在茫茫的沙漠之中，要让这个手杖重生，首先就要解决水的问题，最近的水源地距此也有好几十里地，来回一趟就得整整一天的时间，而且最糟糕的是那里的水也很少，要费很大的劲儿才能弄到一桶。

在这些现实困难面前，还有一个问题也不得不考虑，那就是手杖即便在有水的情况下，可能也不会发芽，说不定已经丧失了重生的生物基础。这也就意味着除了努力提供水分供给以外，还必须要有长久的坚持和一点运气才行。

困难实实在在地摆在那里，全凭一念之间的抉择。但小约哈尼想都没想就开始侍弄那根可能永远也发不了芽的巴旦杏手杖。

从此，小约哈尼的生命就和漫漫黄沙融为了一体。每天夜晚，大家都能看到一个默默接水的青年；每天正午，都能看到一个人在苍凉的大漠上颤颤巍巍地背着一桶水孤独前行。这样的生活一直持续了整整三年，从来没有间断过，因为沙漠的高温不允许小约哈尼有一天的懈怠。

最后造物主也没有让小约哈尼失望，当小约哈尼摘下那颗果实，送到附近的寺院里，对众僧说："请大家尝尝这个从忍耐、坚韧的树上摘下的果实吧！"所有人都震惊了，皈依的事情自然水到渠成。

受到小约哈尼这种精神的极大震动和鼓舞，一代又一代的弟子义无反顾地接过了照顾那棵巴旦杏树的任务。直到今天，如果你去到著名的塞贝多沙漠中，还能看到它那高不过三丈，粗也不过二人合抱的身影，而它的周围，是一片一眼望不到边的苍凉沙漠，它屹立千年而不倒的存在本身就是一个巨大的奇迹，让无数的后来者感叹、欣慰、震惊，重拾生活的希望和信心。

知识卡片

树木在人类的生活中扮演着十分重要的角色，有一些是可以通过肉眼直接感知的，比如修房造屋、烧火做饭，但还有一些特点需要通过一些间接的手段来体现。比如说树木是粉尘过滤器，它可以对粉尘进行很好的过滤，不仅可以从物理的角度让一些大的粉尘颗粒被动地沉淀，还可以利用表皮生长的油脂或者绒毛对粉尘进行主动吸附，经过这样一个过程，我们生活环境中的能见度就获得了很大程度的提高。

树木还能分泌出一些对细菌极为不利的生物元素，从一组统计数据中我们可以很直观地体会到这一点，据调查，每立方米空气中的含菌量，百货大楼为 400 万个，林荫道上为 58 万个，公园里为 100 个，而林区只有 55 个。林区与百货大楼空气中的含菌量相差 7 万多倍。

💡拓展阅读

我国的树木之最

最硬的树——铁桦树。我国和朝鲜接壤的地区，生长着一种木质最硬的树，叫铁桦树。它的密度很大，木材下水就沉，而且无论在水里泡多久，内部也不腐烂。

最高的树——桉树。我国的广东、广西、福建、云南一带，生长着一种树中巨塔——桉树。它不但生长迅速，而且相当高大，我国的蓝桉高可达 70 ~ 80 米。

最咸的树——木盐树。在黑龙江和吉林交界的地方，生长着一种能产盐的树，叫木盐树。每年春天，树上都凝结一层雪白的盐霜，人们用刀轻轻刮下来就可当盐食用。

最毒的树——箭毒木。云南西双版纳的密林中，有一种汁液含剧毒的树木，叫箭毒木。它的汁液含有剧毒，人畜的伤口碰到它的白色乳汁就会中毒死亡。

最轻的树——巴沙木。我国广西、福建、云南、海南一带，生长着一种巴沙木，它是世界上最轻的树，所以又叫"轻木"。做软木塞用的栓皮比它还要重两倍。

目标课文八：地下森林断想

种子的力量

对力量的崇拜是人类生活中十分重要的一个部分，人们在千百年的实践中，通过各种各样的方式来增强自身的力量，让别人以为自己确实很强大，从而产生敬畏之心。自然界中充满力量的生物有很多，客观地说，我们生活的这个星球之上力量最大的是容易被人们忽视的一样东西——种子。

在一条人来人往的大道上，有一粒草的种子无意间飘落到了这儿，在以后的日子里，这一粒种子慢慢地从沉睡中苏醒了过来，它开始吸收水分和养料，开始萌芽生长，开始和一双双大脚做斗争，和一块块石头泥土做斗争，和说不清楚什么时候就会到来的严寒和烈日做斗争，它面对的每一个对手都非常强大，但这一粒种子才是最后的赢家，它勇敢地发出了自己的第一抹嫩黄，然后继续顽强成长，完成生命基因中所设定的所有任务。

如果你觉得这个故事还不够震撼的话，那么下面的这个真实案例一定会让你对种子的力量产生颠覆性的认识。

众所周知，人的头盖骨是相当坚硬的，正因为它的存在，人类的大脑才得以在一个安全的环境中不断发展、进化。但这就给人类的医学事业带来了一个巨大的难题，因为头盖骨实在是太硬了，以至于做一些特殊手术的时候会遇到很多麻烦，很多现代的工具都对它束手无策。但是种子却可以完美地解决这个问题，只要给予普通种子生长发育的基本条件，它们就能够轻而易举地撑开头盖骨，让所有先进的工具汗颜不已。

种子力量的强大在我们的生活中随处可见，混凝土遍地的城市当中，我们可以看到一些小得不能再小的缝隙中会冒出一个又一个的绿色小生命。在层层泥土之下，小小的种子会以一种不可思议的角度和力量见到光明。可以这样说，只要给种子们留有一丝生存的希望，那么它们就一定能够给我们带来惊喜。

很多人会想，小小的种子为什么会有如此大的力量？要知道，种子身上所覆盖的障碍物的重量是种子本身的几百倍，甚至上万倍，如果将同样比例的重量放在人或者任何一种哺乳动物的身上，都是一个巨大的灾难。但种子做到了，这种力量到现在为止还没有科学家可以给出很有说服力的解释，但有一点是非常明确的，那就是对生命的本能渴望，这种渴望越强烈，最终爆发出的能量就越大。这就像人在面对巨大压力时的表现一样，只要在第一时间没有被彻底打败，那么之后自己应对压力的能量就会大大增强。

我们虽然没有种子的那种特殊能量，但种子的那份对生命的渴望却能为我们的生活带来更多美好的可能。

阅读感悟

拥有生命是幸运的，珍惜生命，感受生命的神奇力量是最大的幸福。不必为昨天的失意而悔恨，也不必为今天的失落而烦恼，更不必为暂时的苦痛而悲观。看山神静，观海心阔，内心平和，坚信有了阻力才有磨炼，才有成长。我们要发挥生命的力量，像种子一样，奋力抵抗。要坚信，风雨之后，便是明媚的阳光！

探究乐园

生命力最顽强的植物

谁能想象得到，植物界中生命力最为顽强的居然是毫不起眼的地衣！富含剧毒汁液的植物、高大的乔木都不是它的对手。这看起来似乎是一件很让人惊讶的事情，不过科学家严格的测试已经证明了这一点。

那些毫不起眼的地衣居然可以在零下273℃的条件下生长，可以和真空环境对抗整整六年，它们可以在200℃左右的高温下生存，还可以在它们想要去的所有地方生存。

现在科学家们已经解开了这个神奇存在的奥秘，原来地衣不是一种单纯的植物，它是由两类植物"合伙"组成，一类是真菌，另一类是藻类。真菌吸收水分和无机物的本领很强，藻类具有叶绿素，它以真菌吸收的水分、无机物和空气中的二氧化碳为原料，利用阳光进行光合作用，生成养料，与真菌共同享受。真菌和藻类的强强联合，优势互补，直接打败了大部分生存条件的限制。

第三章

亲近自然

主题引言

　　大自然给予人类丰富的食物，清新的空气，有各种各样美丽的植物供人们观赏，有各种各样的自然现象丰富人们的生活，大自然赋予世间所有生物以生命，它是那样无私，那样让人着迷。

　　大自然用各种各样的语言与人类进行交流：你看那正在忙着搬家的蚂蚁，那可是大自然在告诉人们，就要下雨了；你看那满天的晚霞，那是大自然在提醒人们明天将是个大晴天。

　　大自然就是这样神奇，它带给我们的惊喜从不间断，面对这样一个好伙伴，我们有什么理由不去善待它呢？

目标课文一：看云识天气

云是怎么形成的

天空中的云朵就像一块块松软的海绵一样，它们是那么的可爱、活泼、灵动、纯洁。天空中飘浮着的白云总是给人轻松自在的感觉，仿佛它们总是这般温婉一样。

不过有些时候，人们也会对云有一些压抑恐惧的异样感受，比如说朵朵白云瞬间变成连成一片的乌云，然后狂风大作，电闪雷鸣，大雨倾盆而下。此时的云带给人们的就不再是可爱、灵动之类的感觉了。

其实，只要对云彩的形成和运动规律有所了解，这种不快也可以轻松化解掉，因为你完全可以根据云彩的具体形状和颜色来判断未来的天气形势，提前做好准备。下面就让我们一起来见识一下科学视野中的云是怎么回事。

从云的形成过程来讲，它的主要组成部分是空气中的灰尘颗粒和蒸发形成的水汽结晶体。蕴含在地球表面的水分时刻都在进行循环活动，水汽进入大气后，成云致雨，或凝聚为霜露，然后又返回地面，渗入土壤或流入江河湖海。以后又再蒸发（汽化），再凝结（凝华）下降。周而复始，循环不已。

从这个过程中我们不难看出，云的形成主要和灰尘颗粒、温度、水汽蒸发量有密切的联系。其实，这也就可以对乌云和白云现象做出一个很好的解释：云的颜色一直没有变，云反射和散射所有波段的电磁波，所以云的颜色呈现为灰色，云层比较薄的时候就会呈现为白色，但是当它们变得太厚或太浓密而使得阳光不能通过的话，它们看起来就会呈现为深灰色或黑色的。

水汽从蒸发表面进入低层大气后，由于低层大气的温度比较高，所容纳的水汽较多，这些湿热的空气被抬升，温度就会逐渐降低，抬升到了一定高度，空气中的水汽就会达到饱和。如果空气继续抬升，就会有多余的水汽析出。如果那里的温度高于 $0℃$，则多余的水汽就凝结成小水滴；如果温度低于 $0℃$，则多余的水汽就凝华为小冰晶。这些小水滴和小冰晶逐渐增多并达到人眼能辨认的程度时，就是云了。

📚 知识卡片

和老百姓们靠经验分辨云彩的简单方法相比，气象学家所使用的方法要严谨得多。他们用一个颇为庞大的族群体系来描述云的类型，包括直展云、低云、中云、高云。而这四个大类中又包括积云、积雨云、层积云、层云、雨层云、高积肥云、高层云、卷云、卷层云、卷积云等十个属。当然并不是每一种云都预示着降雨的到来，主要能降雨的还是积雨云和雨层云两类。

拓展阅读

　　整个大自然是一个和谐统一的整体，风雨阴晴都会有一些征兆，只要你有一双善于发现的眼睛，就可以通过一些事物的不同反应预测出天气的变化情况。

　　我国有很多预报天气的谚语。云盖住山顶俗称"山戴帽"，云缠着山腰叫"云拦腰"，前者预示阴雨，后者预示晴天。类似的谚语还有"天上钩钩云，地下雨淋淋""云交云，雨淋淋""天上鲤鱼斑，明天晒谷不用翻""云往东，刮阵风；云往西，披蓑衣""云钩向哪方，风由哪方来""早上乌云盖，无雨也风来""黄云上下翻，将要下冰蛋""云吃雾下，雾吃云晴""星星眨眼，有雨不远""日出一点红，不雨便是风""地黄有风，天黄有雨""日落晴彩，久晴可待""星星稠，满街流""风刮一大片，雹打一条线""棉花云，雨快临""天上灰布悬，雨丝定连绵""乌云接落日，不落今日落明日""西北天开锁，明朝大太阳"等。

目标课文二：绿色蝈蝈

天下第一鸣虫歌手——蝈蝈

　　燥热的夏季和爽朗的秋季是听蝈蝈唱歌的好季节。每逢皓月当空，总能听到草丛中、树枝上的蝈蝈们欢快地唱着属于它们的乐曲。会唱歌的昆虫叫作鸣虫，鸣虫大多数属于直翅目，雄性的翅膀上有着薄膜状的发音区域，这些昆虫利用左右翅膀的摩擦，能够引起膜质区域的振动而鸣叫。

蝈蝈这种昆虫鸣叫本来是为了吸引异性的注意，为繁衍后代做准备，却在无意中成了人类排解忧愁、寄托相思的一种手段，造物主设计的精妙可见一斑。

不过话说回来，虽然世界上能发出叫声的动物很多，如蝉、青蛙、乌鸦等，这些动物很常见，但却没听说有人养它们，这说明蝈蝈能够受到人类的青睐肯定是有它的特殊原因的。

蝈蝈作为一种直翅目的鸣虫，本身长得就比较讨喜，用现代人的话来说就是"萌"，碧绿或者咖啡色的皮肤，圆滚滚的眼睛，修长纤细的触须，结构精巧的身体构造，组合成了一个很可爱的形象。蝈蝈的种类繁多，每一种都有自己独特的特点，可以很好地满足不同兴趣的人。比如说有一种蝈蝈的名字叫"姐儿"，就是因为它周身碧绿，看起来晶莹剔透，还长着一副如美女拖地长裙般的翅膀，十分漂亮。人们也就根据它的这种美艳的形象取了一个十分有人情味儿的名字——姐儿（又名吉儿）。

从另一个角度讲，蝈蝈发声的器官也比较特别，大家都知道，声音是由振动产生的，但蝈蝈的振动器官不是声带，而是翅膀后方的薄膜。并非所有的蝈蝈都会叫，只有雄性蝈蝈才会叫，雌性的蝈蝈是不会叫的，它只能飞。雄性蝈蝈一到夜晚，就会爬到植物的上端，振动它们的翅膀，发出声音来吸引雌性。蝈蝈的叫声其实就是求偶声。雄性蝈蝈用带有情歌性质的叫声，让雌性来辨别方向并且判断优劣。雌性虽然无法用叫声与雄性交流，但它们的身上有类似人耳的听觉器官，能根据雄性声音的高低、距离的远近，来到雄性蝈蝈身边，完成繁衍后代的任务。

📚 知识卡片

蝈蝈是一种生存能力比较强的昆虫。首先，它的身体颜色在自然环境中很有欺骗性，大多数的蝈蝈都是绿色或者咖啡色，这可以说是自然界中最普遍也是最保险的颜色，而且它们有比较强烈的避险意识，会经常不由自主地模仿树叶的形态，趴在那里，一动不动，和周围的环境融为一体。其次，蝈蝈在身体构造上有一个很大的优势，蝈蝈具有发达的跳跃式后脚，遇到危险时，快速弹跳避敌是它们自保的方法。

💡 探究乐园

蝈蝈跳水自杀之谜

虽然蝈蝈可以利用自身的一些优势条件和天敌做斗争，却一直逃不过"跳水自杀"的宿命，这一点让人十分困惑。

不过，随着现代科学的发展，生物学家已经找到了蝈蝈悲剧命运的始作俑者，它们就是一种被称为线虫的寄生物。就是它们一步步控制着蝈蝈的成长，并最终导致蝈蝈们跳水自杀。

线虫还在幼虫时期时，会藏身蛐蛐或蝈蝈等支翅目昆虫的体内。这些线虫的幼虫从蝈蝈身上吸取自身成长所需的营养，同时还会有意识地释放一种化学元素，让蝈蝈误以为这是自身本来存在的蛋白，但实际上这些化学元素会一步步地破坏蝈蝈们的中枢神经系统，影响它们对运动节奏和昼夜交替的判断。线虫幼虫发育到一定阶段后，必须生活在水中，才能度过成年阶段。每到这时候，线虫幼虫就会诱导蝈蝈跳水自杀。

可以说，这是自然界中最为精密的一种谋杀手段了，蝈蝈们根本毫无招架之力，只能被动地成为线虫的保姆和牺牲品，这就是蝈蝈跳水自杀的奥秘所在。

目标课文三：月亮上的足迹

揭开月球起源的神秘面纱

月亮，一直是我们生活中最忠实的伴侣，它一直就在那里，千百年来不断地重复着自己阴晴圆缺的故事。虽然地球万物已经过了一代又一代，它始终不曾改变。

对月亮的想象是人类自诞生之日起就开始做的事情，因为它是人们夜晚唯一的依靠，尤其是在人类还不知道怎么使用火和人工光源的时候，月亮是唯一一盏给人带来无尽希望的明灯，也正因为如此，它在人们心中才显得如此神秘。

当时的人类生产力水平低下，对自身认识有限，只能用各种千奇百怪的传说和神话故事来解读月亮这个神秘的存在。比如说中国先民们认为月亮上住着嫦娥和吴刚，还有一只兔子和一棵桂树与他们为伴，吴刚永远也砍不断桂树，嫦娥永远带着一丝哀怨。而在西方文明的发源地古希腊，人们则认为月亮是太阳神的孪生妹妹，并且相信她在射箭方面有卓越的天赋。

这两个传说也可以在一定程度上说明了东西方文化的差异，中国先民们的设想是神仙住在月亮上，而把世间万物都具象为人的古希腊

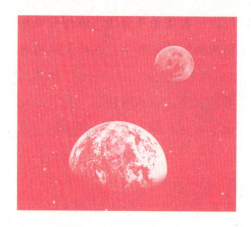

则干脆把月亮整体"变"成了一个人。不过随着现代科技的发展，传说的文化差异部分越来越少，更多的是基于科学的考察和探索而得出的结论。其中最为重要的一次探索就是美国"阿波罗11号"载着3位宇航员成功登上月球，我们应该永远记住那个让全人类震惊的日子——1969年7月20日。

经过包括登月在内的多年探索，月球的神秘面纱也逐渐褪下了，人们已经了解到，如果从形成时间上来看，地球在某些方面不仅不能以大哥自称，还得老老实实地叫月亮一声"前辈"。又比如月球的构造和地球的构造有很大差异，当登月飞船降落到月亮上后，它经历了一次长达四小时的大钟式震动，这在地球上是不可想象的，人们因此有理由怀疑月亮可能是中空结构（当然，这一点还需要更多有说服力的科学证据予以佐证）。

不过，作为离地球最近的天体，目前已经探索到的结果与人类对月球的探索兴趣之间还有一定的差距，依然有很多课题摆在科学家面前，亟待解决。人类到现在为止，还没有找到任何一种能够有效利用月球资源的方法，这不能不说是一大遗憾。但我们也有足够的理由相信，在不久的将来，这些问题将逐渐被解决。那时候的月亮也可以从人们的想象中解放出来，成为人们日常生活中的一部分，就像到北京去参观故宫一样，人们可以买一张票去参观一下月亮，还有可能你的家用电器就有"月球成分"哦！

知识卡片

相较于人类对月亮千百年来的绮丽想象，以下这一组数字可能不会给人带来多少情感上的共鸣，但它对我们真正了解月球却有着不可忽视的作用，下面就让我们来接受不一般的数字洗礼吧。

384401 千米，这是地球和月球的平均距离。

3800 万平方千米，这是整个月球的表面积，它只有地球表面积的 1/14，大约相当于中国陆地面积的 4 倍。

1/6，这是现在已为大家所熟知的地球和月球的重力差异，在这个条件下，一个柔弱女子在月球上也能成为威武的大力士，因为她可以举起相当于之前六倍的重量。

127℃，这是月球赤道处中午的温度，－183℃是晚上的最低温度。

3476 千米，这是月球的平均直径。

探究乐园

月球会永远给地球"站岗"吗

科学家在对月亮的长期观察和研究中，得出了一个让人不太乐观的推测——如果人类还是现在这个样子的话，50 亿年之后，将会过得相当凄惨。因为根据现有的观察数据，月亮的作用力正在不断迫使地球的自转速度日益减慢。月球正在让地球的自转以每天 1/250 亿秒的速度减慢，以此类推，50 亿年之后，地球的自转周期将会发生天翻地覆的变化，每天 24 小时的日子只会是一个传说，人类将要面临的是长达 18 小时的酷热白昼和同样长却严寒的夜晚。这种漫长的白昼和黑夜将会引起地球周围大气层的显著变化，还会形成龙卷风和热带飓风。

当然这些还只是科学家们的推测而已。

尽管科学家们的推测很有道理，大家也不必太过担心，因为人类的科技探索还处在一个起步阶段，还有很多秘密没有揭开，以后会发生什么，谁也说不清楚。这个假设只是基于现在有限的科学数据得出的，并不具备真正的预见性。但有一点可以确定，月球和地球之间的关系并不像我们肉眼所看到的那样简单，它们之间一直存在很微妙的变化。过去是，现在是，未来也是！

目标课文四：紫藤萝瀑布

说说瀑布的形成

大自然的神奇在于它总会给生活其间的生物带来无穷无尽的惊喜和震撼，瀑布就是大自然赠予人类的一个巨大财富。

瀑布的美多种多样，可以是气吞山河的壮阔，也可以是深山密林中的小清新。最让人欣喜的是世界很多地区都有瀑布充满魅力的身影，这样就有很多人能够欣赏到它那不可言说的神韵了。

其实这个现象也不难理解，之所以全球各个地区都或多或少地出现瀑布，主要是因为瀑布的形成原因非常多元，只要有水的地方，就有形成瀑布的潜在可能。下面就为大家详细地介绍一下形成瀑布的各种原因。

首先，人们最容易理解的瀑布形成方式是由地壳运动，比如地震、火山等造成的。这些地壳运动改变了河流经过区域的地形地貌，形成峡谷岩壁、高山湖等，从而造就了水流区域的高低落差。

其次，一些瀑布的形成方式与河流本身的构成有重要联系，因为河流流经的某些地段河床并不是那么坚固，在水流的长期冲刷之下，这些不那么坚固的部分会逐渐被分解开来，随水流一起流向远方。这样就与坚硬河床部分形成了高低落差，从而形成瀑布。

再次，最不会引起人们注意但又是瀑布形成最广泛的原因是各种各样的侵蚀。具体来说，这种侵蚀包括远古时期地球上大量冰川对地球表层地形地貌的侵蚀，也包括一些海浪对陆地的长期冲刷，更包括一些地下暗河对流经区域夜以继日不停不休的侵蚀。这些因素所起到的作用一般不会太明显，但时间一长，对整个大地的雕塑作用是相当大的，甚至可以这样说，只要给它们足够长的时间，没有什么景象是它们做不到的，这就是水滴石穿的巨大威力。

了解了瀑布的形成原因之后，其实大家可以自己动手做一些比较微观的瀑布，将这些自己动手做出来的瀑布放在家里，既可以陶冶性情，又可以修养身心。当然，如果条件允许的话，最好还是约上三五好友，背上背包，到那些著名的瀑布景区，尽情地领略一番瀑布的精致和壮美。位于贵州的黄果树瀑布、广西的冷水瀑布、黄河上的壶口瀑布、山东青岛的龙潭瀑布都是不错的选择。当你真正看到"飞流直下三千尺"的景象时，不仅能体会到一种美的巨大享受，更能在心底里涌起一股对大自然的敬畏之情，感受到造物主设计的精巧，不拘一格的大气，随手皆成文章的超然。既然如此，还有什么理由不去珍惜给我们带来巨大美的享受的大自然呢？

知识卡片

这里要介绍的三大著名瀑布，除了具有强烈的美学欣赏价值以外，它们还能很好地展现出三种瀑布的形成原因。

第一个是中国山东济南的九如山瀑布群，它是由于古时候一些融化了的岩石落在了流水行进的路线上，经过一段时间的冲刷，岩石逐渐硬化，最终形成流水的落差而形成的。

第二个是尼亚加拉大瀑布，这个瀑布有一个特点，水流从高处不断地流进下方一个池子里，水流在飞流而下的过程中，将沿途的岩石侵蚀一空，所以最终形成了这样一个十分陡峭的岩壁和非常壮美的大瀑布。

第三个则是班夫国家公园中的一些瀑布，它们是由于很久以前的冰川以极大的魄力切入山谷，最后冰川融化，而峡谷依然存在而形成的。

探究乐园

南极冰川流淌血瀑布

在人们的印象中，瀑布应该是白色的，而且是最为纯净的白色，如果出现其他颜色，那一定是因为一些特殊的天气，比如长期降水导致山体滑坡和洪水过境。但是在南极地区，有一个十分诡异的瀑布，其长年累月流出的是红色液体，人们根据这一特点为瀑布取了一个非常贴切的名字——血瀑布。

现在，科学家早已解开了血瀑布的谜团，它并非什么神秘原因才呈现出这样的状态，而是由于这个瀑布的源头会不断流出一些富含铁的特殊液体，这些液体一旦离开出发地，就会氧化变为红色。

揭开血瀑布谜团的同时，科学家们还有了一些额外的收获，他们发现在几百米冰层下的高盐分湖水中，居然还有生命的存在，这些生命仅仅依靠一些人类认为完全不能支撑生命成长的物质——硫铁化合物——为生，要知道，这些生命所在的区域非常寒冷，没有氧气，完全黑暗，没有光合作用，几乎和所有生命存在的必要元素说了拜拜，但它们却顽强地活了下来，这让科学家们不得不重新审视之前对生命的种种基本判断。

目标课文五：黄河颂

关于黄河的典故

黄河在中华文明发展史上颇具分量，这条母亲河在很长时间内影响了整个国家的走向。

回望历史，黄河给华夏儿女留下了十分丰富的财富。众所周知，中华文明的发源地就在黄河流域，华夏文明首先在黄河流域大放异彩，继而在腹地更宽、发展条件更为优越的长江流域蓬勃兴起。两者之间有着明显的时间差别。

黄河对中华民族的贡献，主要是由它本身的水文特点决定的，而现在黄河面临的众多问题，也与其水文特征有着紧密的关联。

黄河流经的区域十分宽广，河道则呈现出多弯道的特点，古人就素有"黄河九十九道弯"的说法，要知道我国的先民们以九为多的极限，他们用了九十九这一个极限之数，弯道之多可见一斑。其实，黄河多弯道这一点我们从地图上就能得出一个很直观的印象，一个大大的"几"字横亘在中国的北方大地上就是最有力的证明。我国水利专家的统计也证明了民间俗语的正确性，从黄河的源头算起，主干道上的大弯道多达 6 个，其中 90 度的大弯道有 2 个，小型弯道更是不计其数。

黄河作为一条水运的重要渠道，人们自然不会放弃对其航运价值的开发。早在古老的春秋时期，秦国人就已经开始利用黄河向晋国运送粮食，而到了唐朝，由于当时的政治中心长安在黄河的中上游，利用黄河进行物资运输更是很普遍的事情。

不幸的是，黄河的水文条件先天就不怎么适合大规模的航运，黄河的总流量并不很大，加上黄河多弯道，流经的主要区域又是黄土高原地区，自古以来水土流失就非常严重，河水的泥沙含量非常高，这个问题到了近代时期变得更加严重。越往下游走，水流越平缓，航道也越窄，疏通维护的难度极大，到了清朝后期，人们基本上放弃了利用黄河进行大规模运输的想法。

还有两则关于的黄河的典故不得不提，因为它们都与黄河的航运甚至整个黄河的命运息息相关。一个典故是"中流砥柱"，另一个则是"黄河清而圣人生"，前者既是对一种现象的简单化描述——在黄河三门峡湍急的河流中，有一块巨石，当激流过来时，在它的作用下，水流分为两道，既减缓了流速，又可以为来往船只起到一个很好的标志物的作用，所以人们将这块巨石称为中流砥柱，作为对黄河历史作用的高度概括。后者"黄河清而圣人生"则是人们对黄河水土流失和治沙情况的一种热切期盼。因为黄河沙所带来的损失实在是让生活在黄河流域的人民相当苦恼。即便到了对黄河研究十分充分的今天，这依然是一个国家层面的大难题，从某种角度来说，这句话倒过来讲——"圣人生而黄河清"——更为贴切，因为不管是谁，要想真正地达到圣人的高度，光靠自以为是的宣传是没有用的，必须要把这个困扰千年的黄河问题给解决掉才行。但就目前的情况来看，要做到这一点十分困难，人们对黄河进行了一次又一次的治理，据统计，这些年来黄河的泥沙含量下降了50%，但这和解决问题相距甚远，每年黄河下游依然还有数亿吨的泥沙需要解决。

面对黄河这条母亲河，我们需要做的还有很多，否则受伤的不仅是她，还有我们自己。

知识卡片

黄河，古称河，发源于青海省巴颜喀拉山脉，流经四川、甘肃、宁夏、内蒙古、陕西、山西、河南等省区，最后于山东省北部注入渤海。干流河道全长5464千米，仅次于长江，为中国第二长河（第一名长江，第二名黄河）。黄河还是世界第五长河（第一名尼罗河6671千米，第二名亚马孙河 6480 千米，第三名长江 6300 千米，第四名密西西比河 6262 千米，第五名黄河 5464 千米）。

素材宝库

黄河·诗词积累

- 君不见黄河之水天上来，奔流到海不复回。　——李白《将进酒》
- 黄河远上白云间，一片孤城万仞山。　　　——王之涣《凉州词》
- 黄河落天走东海，万里写入胸怀间。　　　——李白《赠裴十四》
- 九曲黄河万里沙，浪淘风簸自天涯。　　　——刘禹锡《浪淘沙》
- 欲渡黄河冰塞川，将登太行雪满山。　　　　——李白《行路难》
- 黄河摇溶天上来，玉楼影近中天台。　　　——李商隐《河阳诗》
- 左右分京阙，黄河与宅连。　　　　　　——姚合《陕城即事》
- 大漠孤烟直，长河落日圆。　　　　　　　——王维《使至塞上》

目标课文六：观潮

天下第一潮——钱塘江潮之谜

"滔天浊浪排空来，翻江倒海山为摧"，试问，在中华大地上有谁能配得上这气势磅礴的诗句，答案只有一个，那就是每年农历八月的钱塘江大潮。

钱塘江大潮在我国享有极高的知名度，因为它实在太过壮观了。农历八月十八那一天，远远观望的看潮者聚集在一起，静静地等待最大潮的来临，当大潮真正到来时，大家就会深刻地体验到书中所讲的翻天覆地是怎样的一种状态，高达数米的潮水一浪又一浪地涌上

前来，前赴后继，气吞山河，以一种超乎常人想象的状态来到人们的面前，那时候除了震撼，似乎已经找不到什么词语来形容那种感觉了，大自然的造化终究还是人类无法超越的。

其实，在中国漫长的海岸线上，有许多像钱塘江口一般的喇叭状海湾，但是这些海湾却没能产生如钱塘江大潮一般的震撼效果，原因是什么呢？

据科学家分析，主要有以下几个因素导致了钱塘江潮独一无二的壮阔：首先江口海湾外宽内窄，外深内浅，是一个非常典型的喇叭状海湾，这是一个必不可少的硬件条件，只有这样形状的江口，海水才能在涨潮时形成几何级数的叠加效果，起潮时，宽深的湾口，一下子吞进大量海水，由于江面迅速收缩变窄变浅，夺路上涌的潮水来不及均匀上升，便都后浪推前浪，一浪更比一浪高。当然这只是其中的一个条件，还必须要有另外的条件才能保证钱塘江大潮的独一无二。那就是东南季风和月亮、太阳的引力合谋助推。农历每月初一和十五前后，太阳、月亮和地球排列在一条线上，太阳和月亮的引力合在一起吸引着地球表面的海水，所以每月初一和十五的潮汐就特别大，而农历八

月十八前后，是一年中地球离太阳最近、引力最大的时候，此时出现的涌潮，自然也就最猛烈。

所以说钱塘江潮的出现是多重巧合叠加的结果，而非某种单一因素的功劳。

不过相比于科学的解释，民间关于钱塘江潮的一个传说也许更能激起我们观潮时的共鸣。相传当年地处东南地区的两个国家——吴国和越国——长期对立，有一天，吴国终于打败了越国，将包括越王勾践在内的一干人等变成了奴隶，之后就有了人们广为传唱的卧薪尝胆故事，而吴国的大臣伍子胥多次劝诫吴王夫差注意勾践的动向，但是却被奸臣的谗言陷害，最终吴王杀害了伍子胥，将其尸体抛于钱塘江中。忍辱负重后东山再起、成功复国的勾践把对自己有很大帮助的大夫文种给杀了，也将他的尸体扔在了钱塘江中。从此，这两位忠心耿耿、才智超群的英雄人物将满腔的悲愤化为了每年一次的钱塘江大潮，不断提醒后来人，如何为人、如何治理国家。

探究乐园

"八月十八潮，壮观天下无"，说的正是钱塘江的大潮。不过这里的"八月十八"不是阳历，而是指农历的八月十八。为什么钱塘江的大潮会在八月十八这一天特别壮观呢？这其中有三个因素，分别是：天时、地利和风势。

首先说天时：农历八月十六日至十八日，太阳、月球、地球几乎在一条直线上，月球与太阳的引潮力几乎作用于同一个方向，两者的合力最大，此时海水受到的引潮力最大，海水涨得最高，也落得最低。

再说地利：这才是钱塘江大潮形成的主要原因，杭州湾为三角形海湾，口大内小，就像一个喇叭。当大量潮水涌进狭窄的河道时，潮水来不及均匀上升，就只好后浪推前浪，层层相叠，水面就会迅速地堆高。

最后说风势：浙北沿海一带，夏秋之交常吹东南风或东风，风向与潮水方向大体一致，也助长了海潮的声势。

总之，钱塘江大潮的形成是天文和地理因素综合影响的结果。

拓展阅读

喜爱观赏钱塘江大潮的人，近年来的情绪恐怕有些低落，因为钱塘江秋潮一直处在不断变化的状态之中。钱塘江大潮的这种变化不是越变越大，而是越变越小，并且逐渐走向衰微。

让人印象最为深刻的是 1985 年的那一次大潮。那一年的农历八月十八日，来自各地的游人结伴前去观潮的最佳位置——盐官镇，但是他们期待已久的大潮似乎和他们开了一个很大的玩笑：远看一条银白色的细线，缓慢逼近，银线时隐时现，越近越连不成线，到了近处，仅仅只有片片浪花，涌潮高度只有 50～60 厘米，这种幅度的波浪在平时也很常见，观潮者们大为扫兴，内心膨胀的热情就这样被无情地浇灭了。当时甚至有人悲叹，或许钱塘江大潮将成为历史，不复出现。虽然这种悲叹没有成为现实，但近年来钱塘江大潮不复往日的气势却是一个不争的事实。这种状况对那些之前没有看到过大潮的游客来说是种无法弥补的遗憾，对老观潮客来说，留在心里的则是越来越多的怅惘。

目标课文七：雷电颂

降服雷电　造福人类

雷电在远古先民的眼中，是一个很神秘的存在，雷电会发出巨大的声响，耀眼的强光，还伴有狂风大作、暴雨倾盆的自然现象，并且极可能引发火灾，劈死人或者动物，世界上的这种存在着实让先民们极为恐惧和敬畏。

不过，随着科技的进步，人们对雷电的认识和了解日益加深，对雷电的恐惧也逐渐消退。因为现在大家基本上都明白雷电的本质其实是一种自然界强烈的放电现象，只要避开一些有可能遭遇电击（如空旷区域中的大树，电线杆等）的区域，就不会有什么危险，而且现在城市里的避雷措施做得比较完善，避雷针早已得到全面的普及，被雷击中的概率十分微小。何况人们现在已经不仅仅将目光放在单纯的躲避雷电的袭击上了，而是开始以主动的姿态迎接雷电的到来，通过科学技术对雷电加以利用，例如我国已经先后在甘肃、江西等地已经成功利用一种特殊的引雷火箭实施引雷。

根据科学家们的长期探索和研究，雷电除了给人类带来降雨之外，其实还有诸多有用之处：雷电对地球上的生命的正常生长有着十分重要的意义。

比如说，雷电发生之时，高达数亿伏特的电压会带来极为强烈的电火花现象，这足以使空气发生一场规模浩大的化学变化——氧气变成臭氧。这对人类而言，非常重要，因为现在臭氧层的破坏已经是一个巨大的环境问题，长此以往，后果将不堪设想。雷电的这种周期性且大批量的臭氧供给无疑对人类的生活带来了非常积极的影响。

又比如说，雷电的发生还会给地球上的植物带来大量的天然肥料，这一点听起来似乎很不可思议，但事实确实如此。科学家

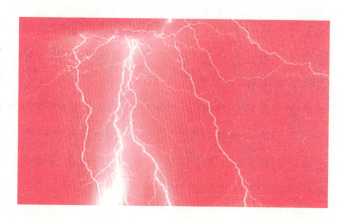

们通过实验已经证明了这一点。通过雷电的高压环境，占据空气超过 70% 容量的氮气和 20% 以上的氧气会发生剧烈的化学反应，其最终的产品就是大量溶于雨中的硝酸盐分子和亚硝酸盐，落入地球表面之后，就变成了对植物非常重要的氮肥，而植物又是整个生物链中最关键的一环，没有它们的存在，动物的食物链条也就被彻底切断了。所以从这个角度讲，雷电无形中福泽了地球上所有的生命，每年多达 4 亿吨的氮肥证明了它确实有这个实力。

探究乐园

雷电可助蘑菇增产

如果有人告诉你，天空打雷会对蘑菇的生长产生重要的影响，你会认为这是《天方夜谭》中的故事吗？根据日本岩手大学科学家的研究，这种现象确实存在，并且已经被人们用科学的方法证实。

科学家们的研究报告称，如果对菌床采取一些特殊措施，比如加上和雷电发生时近似的电压（当然只是短时间的，必须把时间控制在一千万分之一秒的频率，电压范围在 5 万到 10 万伏特之间为宜）。在

做完这些后，科学家们发现蘑菇体内的蛋白质和酶的活性得到了很好的激发，蘑菇的产量得到明显的提高，最好的情况下，甚至能够达到两倍的收成量。

这一发现让科学家十分兴奋，他们正在全力研发能够方便有效地用于生产的"迷你雷"。岩手大学生物工学研究中心的研究者高木先生和坂本先生称，这个实验成果可能会被普遍使用，在一般的农家田里，自行释放"迷你雷"的日子有可能很快到来。

拓展阅读

雷电时时刻刻都在发生着，对雷电，你了解多少呢？

你知道世界上每天大约有多少次雷电发生吗？

你知道世界上哪些地方最容易遭受雷电袭击吗？

气象学家早就对这些问题有过详细的研究，他们还提交了一份详细的统计数据。

科学家的统计数据显示：世界上几乎每一天都有大约 1800 个雷电交错进行，这些雷电每秒钟约发出 600 次闪电，其中有 100 次闪电袭击地球。在地球上，有一些地方特别受雷电的青睐，比如乌干达首都坎帕拉和印度尼西亚的爪哇岛，爪哇岛就曾经历过一年有 300 天发生雷电的日子。

据记载，1975 年津巴布韦乡村乌姆塔里附近一幢小屋遭遇了历史上最猛烈的一次闪电袭击，那一次规模浩大的雷电袭击直接导致了 21 人死亡的惨烈后果。

目标课文八：雨之歌

酸雨的功过

酸雨在人们的心中，是个不讨喜的角色，它被称为"天堂眼泪"或"空中死神"，具有很大的破坏力。

是的，酸雨确实给我们的生存环境和日常生活带来了很大的危害，酸雨会打破土壤的酸碱平衡，直接导致大量植物死亡；酸雨还会酸化水体，导致大量水生物死亡；酸雨渗入地下之后，会导致地下水在相当长的一段时间里，不能用于生产生活。酸雨给人类带来了严重的损失。欧洲中部有 100 万公顷的森林受到酸雨的侵蚀而死亡，美洲的加拿大和美国则有近万个湖泊全部被酸化，成为生物意义上的"死湖"。

酸雨中的酸性物质会造成桥梁、机械设备、建筑、车辆、交通基础设施等的腐蚀和毁坏。很多珍贵的人类文化遗产也受到酸雨的破坏。世界上受酸雨摧残的物品不计其数。

酸雨还对人类的身体健康构成了很大的威胁，通过简单的呼吸作用，对人体有害的成分可以轻轻松松进入人体内，有害物质的不断累积会诱发一系列病变，如肝硬化、肺水肿等，甚至人们谈之色变的癌症都可能与酸雨有着重大关联。

而我国近年来由于工业化发展速度的提高，环境污染问题日益严重，尤其是和工业相关的酸雨污

染更是越来越严重，据不完全统计，仅仅西南地区的林木每年就至少有超过 630 万立方米的损失，直接的经济损失更是数以亿计，这些还不包括酸雨对环境造成的潜在的破坏和损失。

不过，世间万物都有其两面性，酸雨也不例外，在其劣迹斑斑的外表之下，科学家们也发现了一些酸雨带来的积极作用，那就是在应对全球气候变暖方面的功劳。

要说这一作用的实现，就不得不先提到造成全球气候变暖的重要物质——甲烷。酸雨中所含的硫化物能够有效抑制湿地释放甲烷的进程，从而起到抑制温室效应的作用。甲烷是导致地球温室效应的罪魁祸首之一。生活在湿地里的一些微生物是生产甲烷的"大户"，这些微生物以湿地土层中的化学物质为食。幸运的是，湿地里还存在着"吃硫"的细菌，酸雨中所含的硫化物会使这些细菌大量增生。这些细菌会与释放甲烷的微生物争夺营养，抑制它们的生长活动，从而减少甲烷的释放量。科学家用数据证明了这一结论，实验数据显示，酸雨中所含的硫化物可以让目前的甲烷释放量减少 8% 左右的量（主要是针对甲烷释放大户——湿地——而言）。

从这些研究结论中，我们可以看到有一个十分重要的问题，世间万物相生相克，从来没有绝对的对错之分，就像中国传统文化中的两仪图一样的，看似黑白分明，实则相互融合，即便是问题多多的酸雨，也有其对环境较为有利的一面，在处理和大自然的关系时，要切记不要片面地看问题，不要轻易做出重大决策，因为大自然确实太过奥妙，还有很多方面的奥秘等着我们去挖掘，探索空间还很大。

另眼看酸雨，让我们对事物又多了一层了解，原来"天堂眼泪"也有温情的一面。

探究乐园

为什么"久雨大雾晴，久晴大雾雨"？

我国民间流传着很多关于预测天气的俗语，"久雨大雾晴，久晴大雾雨"就是其中著名的一句，也是准确率很高的一句。其实，从科学的角度讲，这并不是什么神奇的事情，因为民间俗语多为经验的总结，只是由于当时整体科技水平和自身认识的限制，造成了知其然不知其所以然的情况。按照现代气象学的研究，这句话很好地对天气情况做了一个预测，因为雾形成的主要原因是气温降低后空气中的水汽凝结，它必须满足两个条件：一是温度降低，二是有足够形成雾的水汽。这句俗语其实就是通过对这两个条件的判断，起到准确预测天气的作用。

晴朗的夜晚，空气中的热量主要以热辐射的方式散发出去，大量热量的散失使得空气温度降低，水汽就凝结成了雾，我们将这种雾称为辐射雾。当携带大量水汽的暖空气流到比较冷的地面时，水汽遇冷就会凝结成雾，我们称这种雾为平流雾。长时间下雨后，空气中的水汽含量非常丰富，只是由于天空中覆盖着厚重的云层，空气散热的过程很慢，这就导致水汽不容易凝结，通常情况下难以形成雾。所以，一旦早晨出现大雾，肯定是夜晚的时候云层开裂，天气转晴，气温降低而形成的，所以说久雨之后出现大雾是天晴的征兆。与此种情况相反的是，如果长时间的晴朗天气之后，地面空气中水汽含量少，尽管夜间气温降低，也不会形成雾。如果这时出现大雾，一定是有暖湿空气侵入本地，它与冷空气相遇，往往会形成降雨。所以久晴之后大雾是雨天的预兆。

💡拓展阅读

中国"雨城"

位于我国青藏高原东侧、四川盆地西部的雅安是我国著名的"雨城"。这座城市的年平均降水量达到了 1800 毫米，一年之中有降水的日子超过了 240 天。到了夏季，常见乌云翻滚，雨脚如麻，出门不携带雨具都不好意思说自己是当地人。不过，不得不提的一点是，中国创下最高年降水量的并不是雅安，而是宝岛台湾的火烧寮，那里的年平均降水量达 6558 毫米。

第四章
岁月回首

主题引言

　　人的一生说短也短，说长也长，在这段特别的时光中，每一个人都会遇到各种各样的人，处理各种各样的事情，体验酸甜苦辣等各种味道，经历喜怒哀乐等各种情绪，和另外一个人一起吃饭，一起睡觉，一起迎接新生命的诞生，在公平与不公平的环境中挣扎，困惑，最终顺其自然。总之，人的一生会遭遇很多很多，有的是你乐意承担的，有的则是你不得不接受的。这些事情可能会有一个完美抑或是不完美的解决方案来结束，但岁月这个尽职尽责的史官，会将所有的一切记录在案，伴随每个人的一生。

　　既然我们有幸来到了这个世界，就应该有一种舍我其谁的魄力，多去尝试不同的生活，让自己的那一份岁月档案变得更充实，更厚重。

目标课文一：童趣

古诗词中童趣多

现代都市生活正在一步步地毁掉"童年"这个弥足珍贵的概念。如今大多数孩子的闲暇生活都被各种各样的补习班、特长班和繁重的作业所充斥，如果比较幸运地避开了这些，那就很有可能会掉进另一个大陷阱，那就是电脑游戏。如此一来，传统意义上的童年也就只是一个传说了，因为在现在的孩子们的生活中，几乎没有了相互之间的嬉戏打闹，没有尽情高歌的自我空间，没有与灵动的大自然进行互动的机会。也就是说，现在的孩子大多被现代高科技俘虏，或者按长辈的意愿学习生活，缺乏灵性，难以和大自然产生本能默契。

如果我们将时光倒转几百年，就会发现真正的童年不应该是现在这样，它要有趣得多，也有价值得多。

大哥在豆子地里忙着锄草，二哥编织鸡笼，而年幼的三弟却悄悄地溜到河边的草丛中，伸手摘了一个莲蓬，潇洒地往后一躺，嘴里含着一根狗尾巴草，慢悠悠地剥起了莲蓬玩儿。这是南宋大词人辛弃疾看到的童年生活。（"大儿锄豆溪东，中儿正织鸡笼。最喜小儿无赖，溪头卧剥莲蓬。"出自《清平乐·村居》）

　　春夏之交，几个孩童在几棵花瓣还未掉尽的树下玩耍，此时几只蝴蝶飞了过来，大家都很兴奋，各自拿出自己的拿手好戏，上树的上树，结网的结网，忙不迭地在并不密集的篱笆间穿来穿去，可惜，那几只蝴蝶不想和他们玩了，径直飞往了远处的油菜花地。这是南宋诗人杨万里眼中的童年。（"篱落疏疏一径深，树头花落未成阴。儿童急走追黄蝶，飞入菜花无处寻。"出自《宿新市徐公店》）

　　几个小孩儿，闲来无事，看到邻居荷塘中的白莲花开得正好，便动了一点儿小小的歪心思，想去偷摘几朵莲花回来玩。于是几个小伙伴聚在一起，商量了一下如何避开大人们的注意，然后撑船悄悄溜到了荷塘之中，手忙脚乱地摘下几朵白莲，慌慌张张地又划了回去。但他们没有想到的是，行船的过程中留下了一道非常明显的痕迹，主人家只要一看就知道这是谁干的。这是唐朝大诗人白居易眼里的童年生活。（"小娃撑小艇，偷采白莲回。不解藏踪迹，浮萍一道开。"出自《池上》）

　　其实，古人还有很多与此类似的描述童年生活的诗文，如果仔细观察，就会发现，古代孩子在童年时期大多数都能够玩得很开心，虽然那个时候没有什么像样的玩具，也没有现在这么多的娱乐方式，但大自然为他们提供了一个发挥想象力和创造力的巨大空间。而现代孩子们的童年则被千篇一律的玩具和成年人种种自以为是的规矩所支配，盲从、呆板、自私的倾向越来越严重，这应该是一个很值得重视的话题。

📚 人物简介

沈复（1763—1825），字三白，号梅逸，江苏长洲（今江苏苏州）人。清代散文家，著有《浮生六记》。沈复工诗画、散文。他出身于幕僚家庭，为人落拓不羁，以游幕、经商为生。《浮生六记》是沈复以自己的家居生活和浪游见闻写成的自传性纪实散文。《浮生六记》总共6卷，每卷皆有小题，依次是《闺房记乐》《闲情记趣》《坎坷记愁》《浪游记快》《中山记历》《养生记道》。可惜现在只存留有前4卷。

💡 素材宝库

童真童趣·诗词积累

●篱落疏疏一径深，树头花落未成阴。儿童急走追黄蝶，飞入菜花无处寻。
———杨万里《宿新市徐公店》

●草长莺飞二月天，拂堤杨柳醉春烟。儿童散学归来早，忙趁东风放纸鸢。
———高鼎《村居》

●蓬头稚子学垂纶，侧坐莓苔草映身。路人借问遥招手，怕得鱼惊不应人。
———胡令能《小儿垂钓》

●萧萧梧叶送寒声，江上秋风动客情。知有儿童捉促织，夜深篱落一灯明。
———叶绍翁《夜书所见》

●草铺横野六七里，笛弄晚风三四声。归来饱饭黄昏后，不脱蓑衣卧月明。
———吕岩《牧童》

●牧童骑黄牛，歌声振林樾。意欲捕鸣蝉，忽然闭口立。
———袁枚《所见》

●一叶渔船两小童，收篙停棹坐船中。怪生无雨都张伞，不是遮头是使风。

———杨万里《舟过安仁》

● 幼女才六岁，未知巧与拙。向夜在堂前，学人拜新月。

———施肩吾《幼女词》

目标课文二：风筝

风筝线上的童年

前两年，有一部小说在世界文学界引发了极大的反响，它有一个能勾起很多人情感共鸣的名字——《追风筝的人》。

小说描写了一对伙伴在漫长一生中的人生际遇，从小到大，两人经历许许多多足以改

变命运走向的事情，包括国家动荡、家道衰微、疾病、文化差异、误解、人性的软弱和自私等，但最终留在他们脑海中的还是小时候两个人默契配合放风筝的情景：一个人放，另外一个人以最快的速度将风筝捡回来。岁月变迁改变了许多，但这一点从未改变。

如果说每个国家都有自己独特文化的话，那么风筝毫无疑问是一个超越者。几乎每一个国家都有人放风筝，中国有，美国有，日本有，南非有，大洋洲上的澳大利亚也有。如果一定要为这种超越地域限制的共通文化现象找一个解释的话，我想没有什么比人们对天空的向往

更好的理由了。

在孩提时代，孩子们就会想尽各种办法升到天空中去，比如抛石头，比如爬树，在有了一定的动手能力之后，大家就会通过折纸飞机、做风筝等方式来释放自己的这份渴望。

想象一下，在一个阳光明媚的假日里，一群小伙伴携带着各自精心准备的风筝来到空旷的野外，看着澄澈明亮的蓝天，呼吸着清爽的户外空气，拉开阵势，放飞五颜六色、形状各异的风筝，看它们翱翔天际，那是一件多么惬意的事情。

其实放飞风筝的那一刻，也是在放飞自己的想象力和创造力。小孩子做的风筝在天上飞的时间可能不会太长，飞得也可能不高，但放风筝前后的准备工作和那份或期待或失落的情绪则会在孩子们的生活中留下深刻的印象。可以这样说，放风筝不仅是小伙伴们的一种娱乐活动，更是他们小小人生中的一项事业，大家都很享受经营自己事业所带来的愉悦和欣慰，而和他们一起放风筝的人则相当于同甘共苦的创业伙伴，同喜同悲，所以这也就不难解释《追风筝的人》中风筝为什么有那么重要的意义了，它代表了一种飞入蓝天冲破各种束缚的渴望，又承载了兄弟两人极为深厚而且单纯的情谊。

知识卡片

风筝虽然在世界各地都能看到，但如果要追根溯源的话，它的故乡应该是中国。我国古人最早受到天上的鸢和鹞的启发，在 2000 多年前发明了风筝。不过那时候它还不叫"风筝"，而是根据其像鸟的特点取名为纸鸢、纸鹞。"风筝"这个名字的由来则要和五代时期的李邺联系起来，他在放纸鸢的时候做了一个小小的创新——安装了一枚竹笛，这样一来，人们在放纸鸢的时候就会听到一种类似于古筝弹奏的声音。后来，风筝就代替了纸鸢，成为通用的称呼。

拓展阅读

　　风筝在我国的历史十分悠久，早在 2000 年前，就有很多古人进行了做风筝的尝试。其实最开始，制造风筝的出发点还不是简单的娱乐，而是更为实际的军事应用。据说墨家的代表人物墨子用 3 年的时间研究出了可以用于战争的特殊风筝，并且起到了很好的战斗作用。木匠的祖师爷鲁班先生也做出了一个可以用于军事侦察的风筝。

目标课文三：羚羊木雕

张之路：关于《羚羊木雕》

　　我的短篇小说《羚羊木雕》写于 1984 年，发表在同年第 10 期的《东方少年》上。作品发表时的名称叫作《反悔》，选编到人民教育出版社出版的初一课本时被改名叫《羚羊木雕》。

　　《羚羊木雕》被选编在中学课本里已经 20 多年了。想想第一届读过这篇作品的学生如今已经是三十多岁的人了。再想想有多少学生曾经读过这篇文章，那何止是成千上万啊！我感到非常高兴和欣慰。

　　写这篇小说的时候，我已经在电影制片厂当编辑。可是十多年教

师生涯中和同学们、同事们的友情还历历在目记忆犹新。

在我的书架上摆着一个比我的手掌稍大一些的羚羊造型的木雕，黝黑的木质焕发着柔和的光泽。这个羚羊木雕线条简练而传神，腿长身短，显得矫健有力，两只犄角并不是写实的浑圆，而是写意的棱角分明，高高竖立在头的上方，神采飞扬。

这是一位教英语的姓李的老师送给我的礼物。有一天我到她的家里做客，看到这只木雕，我说好！第二天上班的时候她把木雕放到我的桌上说，送给你吧！我很惊讶，说，这怎么好呢？她说，有什么不好呢，喜欢就送给你吧！说完她转身走了，并不觉得送给了我什么珍贵的东西。我很感动。如果说我的写作有什么动机的话，这个羚羊木雕无疑是最初创作的诱因和灵感。

送给别人礼物是孩子们当然也是成人之间经常发生的事情，它是人们表达友情的一种方式。送给别人礼物后又把礼物要回来的事情也是有的，尤其在孩子们之间，大部分是因为彼此闹了别扭，要回礼物似乎表达了"绝交"的态度，对于"香三臭四"的孩子这是不足为奇的。当然这也是件挺没脸挺幼稚的事情！还有些时候就是我在文章里写到的——家长认为礼物的价值过高，孩子不懂事，然后让孩子要回来的。

我萌生了这样一个想法，送礼物的事情可以写成一篇小说，礼物就是眼前这只比较贵重的羚羊木雕。至于是不是告诉孩子要讲信用，是不是表现家长不理解孩子，以至于是不是批评家长重财轻义，说实话，在写作的时候还来不及想，要想的就是写出人物之间的关系和矛盾以及他们的矛盾心理，争取做到每个人的行为和语言站在他的角度上似乎都是合理的。文章写得有意思了，意义可能就在其中了。但有一点是可以肯定的，那就是作者的立场是站在同情孩子一方的。

在这期间许多杂志的编辑希望我讲讲写这篇作品的背景和动机。我没有动笔，总觉得写作是件很偶然的事情，并没有什么明确的想法，似乎没有什么好说的，书写在作者，而理解在读者！于是一直搁置到现在。

及至我在互联网上看到大量的关于这篇文章的教案。有些老师还把我当成女作家，我感到又热闹又奇怪！于是我想写写有关的情况，希望能给教学这篇课文的老师和同学提供点微小的帮助！

人物简介

张之路（1945—   ），我国最有影响力的少儿小说作家之一。现为中国电影集团策划部编审、一级编剧、国务院授予的有特殊贡献专家、中国作协儿童文学委员会副主任、国际安徒生奖提名奖获得者、中国安徒生奖获得者。其作品曾获国家图书奖、中国图书奖一等奖、六次获中国作协儿童文学奖、三次获宋庆龄文学奖、多次获冰心儿童文学奖、陈伯吹儿童文学奖。还曾获电视剧飞天奖、大众电视金鹰奖、电影华表奖、五个一工程奖、夏衍电影文学奖、童牛奖、国际儿童读物联盟（IBBY）优秀作家奖。短篇小说《羚羊木雕》被选入全国中学语文课本。在台湾地区共出版了20本书，并多次获得"好书大家读"优秀作品奖，同时也是第一位入选中央电视台《东方之子》栏目（1997）的中国儿童文学作家。

素材宝库

诚实信用·名人名言

● 遵守诺言就像保卫你的荣誉一样。　　　——（法）巴尔扎克

● 信用既是无形的力量，也是无形的财富。——（日）松下幸之助

● 良心是我们每个人心头的岗哨，它在那里值勤站岗，监视着我们别做出违法的事情来。　　　　　　　　　　——（英）毛姆

● 走正直诚实的生活道路，必定会有一个问心无愧的归宿。

　　　　　　　　　　　　　　　　　——（苏联）高尔基

● 坦白是诚实和勇敢的产物。　　　　——（美）马克·吐温

● 对自己真实，才不会对别人欺诈。　　——（英）莎士比亚

目标课文四：散步

莫怀戚印象

莫怀戚教授是一位在学生中有很高知名度的老师。这种知名度的获得不是说他有多少头衔，而在于他丰富扎实的学识和幽默灵活的授课方式。

如果你以前在重庆师院读书的话，会看到校园中有一位装扮很"别致"的人，他十有八九就是莫怀戚。他的标志性装束就是一个"为人民服务"的军挎、破破烂烂的自行车、稀稀拉拉很少修整的胡子，还有和足球明星马拉多纳一般"潇洒"的发型。这样的形象着实算不上

俊俏，但只要他在课堂上一开口，情况立马就转变了。

作为一名中文系的老师，莫怀戚教授很好地把握住了幽默和教学之间的关系，他会用一些例如"重庆崽儿"之类的方言调侃自己，调动和活跃气氛，更会潜移默化地向学生传达扎扎实实学好功课的理念，比较难得的是这种理念的传达一点儿也不枯燥，因为他说得很委婉，比如"我要对自己负责嘛。要不，你们出去后，还

说是我老莫的学生，不把我的牌子搞砸才怪哟！"又比如"上课记笔记，下课抄笔记，考试背笔记，考完全忘记。在考试时才向学生显示你是教授，那还有什么意思呢？"这些话对学生们而言是很有号召力的。

莫怀戚教授的一个主要特点就是幽默，他不是那种流于低俗的幽默，而是善于从一些细节中发现幽默点，有一种敏锐的应变和技巧在里面。例如，有一次同事拿他那一头很有个性的头发开玩笑，说他是一个典型的美发男子。莫怀戚马上接话道："那我是不是应该赶快去寺庙里剃度当和尚呢？那样一来，我就是真正的美男子了。"旁人对他的这句话一时没有反应过来，还在那儿琢磨，这时候，莫怀戚在黑板上写下"美发男子"四个字，然后从容地将其中的"发"字去掉，变成了"美男子"，大家恍然大悟，进而开怀大笑。莫怀戚教授的幽默功底可见一斑。

莫教授不仅是一位尽职尽责的老师，还是一位著作等身的作家。他在教学工作之余，进行了很多创作活动，而这些活动所获得的荣誉，他从来不向自己的学生和朋友主动提起，充分显示了一位优秀学人谦逊、低调、踏实的崇高品质。

📚 人物简介

　　莫怀戚（1951—　　），重庆人，一位有趣的擅长哲学思辨与中文写作的带发修行的僧人和学者，中国作家协会会员，重庆作协副主席。1966年初中毕业，到四川内江插队。1982年毕业于四川大学中文系。现为重庆师范大学文学与新闻学院新闻系副主任、教授。莫怀戚被称赞"说话深刻得让人脸红，行文透彻得让人心惊"。

💡 素材宝库

亲情母爱·名人名言

●慈母的胳膊是慈爱构成的，孩子睡在里面怎能不甜？

——（法）雨果

●母亲的心是一个深渊，在它的最深处你总会得到宽恕。

——（法）巴尔扎克

●我之所有，我之所能，都归功于我天使般的母亲。

——（美）林肯

●从母亲那里，我得到的是幸福和讲故事的快乐。

——（德）歌德

●我的第一个启蒙老师是我的母亲。　　　　——茅盾

●我很幸运有爱我的母亲。　　　——（德）贝多芬

目标课文五：从百草园到三味书屋

鲁迅的童年故事

鲁迅，一个在中国妇孺皆知的作家，一个以笔为匕首的战士，一个忧国忧民的思想家，如果大家对他的生平和成长经历不是很了解，往往会形成一些认识上的误解。

鲁迅先生所获得的赞誉毫无疑问是他大量充满战斗精神和人性洞见的文章所带来的，但如果仅仅通过这些文章去推测他的童年生活，那就很有可能走不少弯路。

在人们的印象中，鲁迅先生是一个很严肃的人，他思想深刻，眼光敏锐，作品有很强烈的火药味儿。从这些出发，大家很容易设想这位作家的童年生活一定过得很不一般，要么出身贫寒，经历了很多常人难以想象的遭遇，要么就是一个很有叛逆精神的小孩儿，否则是不会有这么深刻、独到的见解的。

但实际上，这两种猜测都错了，鲁迅先生的童年生活总体来说是过得比较舒心的，虽然家道中落，但也还算是经济条件过得去。即便是对他很严格的老秀才寿镜吾先生，也是严中带着深深的慈爱，他会要求孩子们做好读书写字等该做的一切，不允许开小差，但也会在鲁迅家人生病的时候，主动送上十斤陈米作为治病的药引。

鲁迅的家庭也算是书香门第，家长对他的学习过程也有比较清晰和理性的引导，比如其祖父就明确指出："初学先诵白居易诗，取其明白易晓，味淡而永，再诵陆游诗，志高词壮……再诵苏轼诗，笔力雄健，辞足达意，再诵李白诗，思致清逸……"见识之高不是普通农家子弟所能听到的。鲁迅家中还有许多藏书，这也为小鲁迅吸收精神营养提供了便利条件。

鲁迅还可以通过压岁钱的渠道来满足一些很个人化的需求，比如说买自己钟爱的画册。他也像所有的小孩子一样，对买来的书相当珍惜，特别是自己心爱的画谱、画册，更是容不得上面有半点儿污迹，所以他会一次又一次地将《毛诗品物图考》拿到书店里去调换新的，以至于卖书的店员都有些不耐烦了。

最重要的是小鲁迅从长辈们那里得到了很多的关爱，他们很亲切地称这个聪明的小孩儿为"胡平尾巴"（绍兴方言，意为短小灵巧），不时给予他照顾。

从以上的这些细节中不难看出，鲁迅在童年时期还是过得比较幸福的，至少在他懂事之前是这样，生活无忧无虑，有玩伴儿，有书看，有长辈们的关爱，其实这样的一个童年恰恰对鲁迅后来的思想发展有很大的作用，因为他曾经在自己的心灵还是一张白纸的时候体会到了生活该是怎样的，当把视角转到社会现实上来的时候，他懂得哪些是错的。他不会像那些童年经历比较特殊的人那样看问题容易以偏概全，从自我的角度出发，而是能够以一种比较淡然的心态去面对生活，沉着冷静地分析，而不被自我过往的经历所绑架。

📚 人物简介

鲁迅（1881—1936），浙江绍兴人，中国文学家、思想家和革命家。原名周树人，字豫才。以笔名"鲁迅"闻名于世。1904 年初，入仙台医科专门学医，后弃医从文。鲁迅先生一生写作无数，作品包括杂文、短篇小说、评论、散文、翻译作品等。毛泽东评价他是伟大的文学家、思想家、革命家，是中国文化革命的主将。

💡 素材宝库

鲁迅·经典语录

● 不在沉默中爆发，就在沉默中灭亡。

● 希望是本无所谓有，也无所谓无的。这正如地上的路；其实地上本没有路，走的人多了，也便成了路。

● 不满足是向上的车轮，能够载着不自满的人前进。

● 横眉冷对千夫指，俯首甘为孺子牛。

● 一滴水，用显微镜看，也是一个大世界。

● 时间就是生命，无端的空耗别人的时间，其实无异于谋财害命。

● 我哪里是天才，我是把别人喝咖啡的时间都用在工作和学习上的。

● 天才并不是自生自长在深林荒野里的怪物，是由可以使天才生长的民众产生，长育出来的，所以没有这种民众，就没有天才。所以我想，在要求天才的产生之前，应该先要求可以使天才生长的民众。——譬如想有乔木，想看好花，一定要有好土；没有土，便没有花木了；所以土实在较花木还重要。

目标课文六：爸爸的花儿落了

永远难忘的"城南旧事"

《城南旧事》是一本很耐读的文学作品，之所以这样说，是因为其拥有一种超越年龄、性别、地域、政治信仰的力量，它将阅读它的读者带入一种最原始的成长回忆之中，虽然每个人具体经历的事情不尽相同，但总是能从中找到一些若有若无的影子，获得一种真正发自内心的感动。从这个角度上讲，本书的作者林海音女士绝对算得上是一个文学大师级别的人物。

如果追溯这本书的前世今生，或许可以找到这本书之所以拥有巨大文学感染力的原因。1960 年，身在台湾的林海音女士出版了这本奠定其文坛地位的作品。这本书的内容用几篇小说和散文来描绘一个叫英子的女孩儿成长的过程，在她 7 岁到 13 岁这一段并不算长也不算短的日子里，中国并不太平，即人们常说的乱世，那时国内形势可以说是一团乱麻，没有人能够理得清楚。但纷纷扰扰的世事变幻对年纪不大的英子而言，影响很微小，这个时候孩子有孩子要做的事情，总之，英子的世界和成年人的世界是完全不同的概念。

这本出版于台湾的作品在写作语言上也很特别，用的都是最为传统的北京老话儿。它不仅记录了一个少年的成长经历，更记录了一座城市的历史片段。也正因为如此，1990 年重回北京的林海音女士会热泪盈眶地去寻找那些已经被拆掉的老城墙。想想看，一个阔别家乡 41 载的旅人，回到故乡之时，世事变迁，记忆中的一切都变了模样，这是一种怎样的感觉？

其实，我们每个人都会有专属于自己的《城南旧事》，它在每一个人心中最柔软的地方，在那里，你完成了对自我的基本认识，和那些环境进行最为直接的互动，每一块砖头，每一寸土地都是人生最纯粹的见证；在那里，外界对自身的影响和干扰其实并没有想象中那么多，你可以细细地领悟哪怕是最幼稚、最微不足道的小情绪、小感伤，因为那是你的世界，一个没有人能够打扰的世界。这大概就是《城南旧事》能够持久产生影响力的原因吧。最后，我们还是用一段作品中的文字来暂时结束这永远没有终点的世界：

　　夏天过去了，秋天过去了，冬天又来了，骆驼队又来了，但是童年却一去不返……我多么想念童年住在北京城南的那些景色和人物啊！我对自己说，把它们写下来吧！让实际的童年过去，心灵的童年永存下来。就这样，我写了一本《城南旧事》。

—— 林海音《冬阳·童年·骆驼队》

人物简介

　　林海音（1918—2001），台湾著名作家，原名林含英，小名英子，原籍台湾苗栗县头份镇，童年时在北平居住、读书。她的代表作是叙述童年生活的小说《城南旧事》。林海音一生创作丰厚，出版过散文集、短篇小说集、长篇小说，还有许多文学评论、散文等，散见于台湾报刊。林海音的作品具有浓厚的老北京味儿，在淡淡的忧伤中弥漫着浓浓的诗意，洋溢着浓郁的乡愁，具有朴素自然、典雅柔美的个人风格。

💡素材宝库

林海音·经典语录

● 怀抱一颗淡然的心，用一个微笑轻轻带过一生。

● 也许生命就该如此，无论过客是什么，都从从容容打过照面，然后潇潇洒洒离开，然后，在花落的某一天想起，微微笑，淡淡然。

● 我的生活兴趣极广泛，也极平凡。我喜欢热闹，怕寂寞，从小就爱往人群里钻。

● 可是，我多么想念童年住在北京城南的那些景色和人物啊！我对自己说，把它们写下来吧，让实际的童年过去，心灵的童年永存下来。

● 台湾是我的故乡，北京是我长大的地方，我这一辈子没离开过这两个地方。

🎓目标课文七：背影

父亲背影困扰朱自清

有人说父爱如山，沉稳厚重，内敛而不轻易外露，我想这是不错的，所以人们更愿意从生活中的细节里去发现和感悟父爱。

朱自清先生的名作《背影》，就是细节见真爱的典范。不过，如果我们仅仅把这篇文章理解到这个层面，那还是比较遗憾的一件事情，父爱自然如山，但很多时候，父爱的这座山是相当沉重的，有时候甚至重得连父亲也背得十分辛苦和无奈，这才是朱自清先生在文章背后所流露出的深层次感悟。

一篇文章，从作者的角度讲，它可能有很多考虑，也可能只有一种考虑，这种考虑的背后，是作者有意识地掩盖自身的写作意图。但不管怎样，他们总会留下很多蛛丝马迹供读者去探索，这倒不是说作者有意这么干而以此来显示自身的优越性，而是为了和读者达成一种默契，一种发自内心的默契，看到这些线索，有共鸣的自然会懂，没有那份共鸣的人，说得再直白，也是徒劳。《背影》这篇文章也不例外，如果我们结合一些背景资料，就能够理解那份为人父的无奈和艰辛。

在《背影》中，朱自清先生的父亲体形臃肿，脚步蹒跚，背影凄凉而苍老，作者还比较隐晦地提到"父亲的差事也交卸了"，这就说明当时的父亲生活过得很不如意，而根据后人的考证，朱自清的父亲朱鸿钧正经历着自己人生中最难熬的一段岁月。因为他在担任徐州榷运局长的时候，又娶了两房姨太太，之后爆发了严重的家庭矛盾，老家的一个媳妇听闻此事，十分愤怒，于是跑到徐州大吵大闹，结果朱鸿钧声名扫地，丢了官职，老母亲也一病不起。

一个中年男人，事业毁了，夫妻感情基本上也被弄得所剩无几，老母亲还重病不起，儿子又要远行他方，面对此番光景，内心的苦楚和无力感自是不用言说。

而写作《背影》一文时的朱自清其实和当年父亲的内心境遇颇为相似，只不过他的职业是一名老师，一位作家，将这种心境借背影这个场景传达出来了。

当时的朱自清虽然是大学老师，但膝下却有五个儿女需要抚养，家庭负担十分沉重，常常压得他有些喘不过气来，这从他的两则文字中可以看出来：

其一："晚与房东借米四升……又向荣轩借六元……三弟来信催款，词甚锋利，甚怒，骨肉之情，不过尔尔……向吴微露借款之意，他说没有……当衣四件，得二元五角。连日身体颓唐，精神也惶惶不适，甚以为虑……向公愚借六元，愧甚。"

其二："我现在是五个儿女的父亲。想起圣陶喜欢用的'蜗牛背了壳'的比喻，便觉得不自在。新近一位亲戚嘲笑我说，'要剥层皮呢'，更有些悚然。十年前刚结婚的时候，在胡适之先生的《藏晖室杂记》里见过一条，说世界上有许多伟大的人物是不结婚的；文中引用培根的话，'有妻子者，其命定矣'，当时确吃了一惊，仿佛梦醒一般；但是家里已是不由分说给娶了媳妇，又有甚么可说？"

此时，同为中年父亲的朱自清，可以说是深深体会到了父亲当时的心情，也才有了那篇能够长久流传的经典名篇，因为其中不仅有对父亲的追忆和爱，更有对父亲当时心情的真正理解，这真的是一种超越性的情感。

人物简介

朱自清（1898—1948），原名自华，号秋实，改名自清，字佩弦，江苏扬州人，原籍浙江绍兴。现代著名散文家、诗人、学者、民主战士；朱自清的散文朴素缜密，清隽沉郁，语言洗练，文笔清丽，极富有真情实感，他以独特的美文艺术风格，为中国现代散文增添了瑰丽的色彩，为建立中国现代散文全新的审美特征创造了具有中国民族特色的散文体制和风格；主要作品有《雪朝》《踪迹》《背影》《春》《欧游杂记》《你我》《伦敦杂记》。

拓展阅读

求"真"的朱自清

朱自清先生是一位十分严谨的作者，他对自己的作品要求非常高，别人如果提出不同的意见，他一定会认真对待，仔细验证，有则改之，无则加勉。这一特点在他写作《荷塘月色》这篇名作的时候体现得极为明确。

《荷塘月色》发表于 1927 年 7 月，但在 1930 年，有一位叫陈少白的读者却对文章中的一个细节提出了严重的质疑。因为文章中有一段是说"这时候最热闹的，要数树上的蝉声与水里的蛙声；但热闹是它们的，我什么也没有"。陈少白指出朱自清缺乏常识，他认为夜晚是听不到树上的蝉鸣的。接到质疑后，朱自清多方查证资料，又和很多昆虫学、动物学的研究者讨论了之后，确认自己的确犯了错误，然后在这篇文章再版时，主动删去了这一句话，还给陈少白回了一封很正式的信件，确认此事。

目标课文八：心声

读书读出来的《中国童话》

一个人从事文学创作的动力可能各不相同，但是对著名作家黄蓓佳女士而言，阅读无疑是她最大的创作动力，不断地阅读为她打开了一扇又一扇的窗户。

据黄蓓佳回忆，她在童年就和阅读结下了不解之缘，因为当时特殊的政治环境，很多书籍都遭到了焚毁，正常的教学生活也被打乱了，这对十分热爱阅读的黄蓓佳来说，实在是一件很糟糕的事情，她不知道未来的路该走向何方。俗话说车到山前必有路，小黄蓓佳借母亲是语文教师的机会读到了很多书，还和许多小伙伴们一起，到当时疏于管理的图书馆"偷"书来看，为了最大限度地发挥集体的力量，他们用各种各样的方式来提高看书的数量和效率，比如交换，比如读一切可以读的东西。在那个物质资源极度贫乏的年代，小黄蓓佳用见缝插针的方式完成了自己最原始的阅读积累，虽然由于年纪太小，阅读素材过于庞杂，她理解得不够深刻，知识也不太成系统，但毕竟她打开了那一扇门。

后来，随着年龄的增长和经历的丰富，也随着阅读的深入，黄蓓佳发现自己对童话特别感兴趣，尤其是《安徒生童话》。虽然这本书的目标读者群是儿童，但她却在其中读出了很多其他的感悟，后来她又在机缘巧合之中和卡尔维诺编著的《意大利童话》相遇，这位以思想性见长的大文豪在童话领域也是一把好手，编著的作品带给人很多的震撼。黄蓓佳突然想到，为什么自己不能编著一本《中国童话》呢？

有了这个想法之后，黄蓓佳没有犹豫，立即和出版社的编辑联系，阐述自己的想法，希望能够获得他们的支持，很幸运，当时的江苏少年儿童出版社很看好这个构想，表示愿意全力支持黄蓓佳的编著计划。

不过，提出想法是一回事，要把想法变成现实却是另外一回事。如何来写这本《中国童话》，成了摆在黄蓓佳面前的一道难题，是尊重传统，对原有童话进行整编，还是开拓创新，以全新的现代意识去重新解读传统童话世界呢？

经过长期而深入的思考，黄蓓佳决定选择前者，因为这些童话之所以能够流传到现在，就说明是最精华的部分所在，没有理由忽略这些精华。后来，《中国童话》这本小书在第二年出版了，其中包括大家十分熟悉的牛郎织女、猎人海力布等故事。

📚 人物简介

黄蓓佳（1955—　），江苏如皋（gāo）人，1982年毕业于北京大学中文系。历任江苏省外事办公室干部，省作协理事、副主席，中国作协第六、七届全委会委员。1973年开始发表作品。1984年加入中国作家协会。代表作品：《夜夜狂欢》《午夜鸡尾酒》《何处归程》《世纪恋情》及《含羞草》等。

拓展阅读

　　生活和创作应该是一体的，互相渗透的，这才是生命的根本。黄蓓佳在一篇随笔里这样写道："疾病使我们的生活变得简单，死亡更促使人去回望生命中曾经发生过的事情，那些使我们感动和难忘的点点滴滴。每天每天，我坐在窗口打字，院子里蓬勃生长的花草树木与我安静地相守相望，我的心里便浸透愉悦。感谢上帝，我健康地活着，可以思想，能够享受文字带给我的快乐。我甚至自私地希望这一段封闭的时间尽可能长久，好让我跟小说中的故事和人物厮守得更亲密一些，彼此间的交融更契合一些。"

第五章
锦绣河山

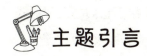 主题引言

　　每个人的心中，都有关于祖国壮丽山河的梦。梦里有清奇俊秀的山峰，气势磅礴的瀑布，辽远苍凉的戈壁沙漠，清雅宜人的山水田园，一望无际的蓝天草原，波澜壮阔的大海风光，蜿蜒曲折的盘山小路，温润威严的佛像宫殿，精巧细致的亭台楼阁……

　　其实，只要有心，这就不仅仅是梦，因为这是我们的祖国，她一直在我们的身边，不离不弃，始终坚守。而我们要做的，就是勇敢地跨出第一步，去尽情地拥抱这一切的一切。

　　你，准备好了吗?

目标课文一：在沙漠中心

撒哈拉沙漠之谜

郁郁葱葱的大森林，河网密布，水草丰美，水牛、河马来往嬉戏，鱼儿畅快地在水中来回游动。

炎炎烈日，一望无际的黄沙，走很远都看不到一个水池，最显眼的动物只有偶尔经过的骆驼。

你能想象吗，上面两段话所描述的其实是同一个地方，只不过在时间上有些差异而已，它就是世界上最著名的沙漠——撒哈拉大沙漠。

人们得以了解撒哈拉大沙漠的前世今生，源于著名的撒哈拉沙漠壁画。1850 年，在一次偶然情况下，德国的探险家巴尔斯在撒哈拉大沙漠中发现了一组神奇的壁画，说这些壁画神奇，并不在于它们的表现形式和技术有多么让人震撼，而是因为壁画所表现的内容与现实的巨大差异。壁画上，有人划着木船在大江大河上捕鱼，水牛、大象、鸵鸟、长颈鹿在草原上追逐嬉戏，还有一些动物受惊后的状况。总的来说，画面上所描述的世界与巴尔斯看到的世界完全不同。最让人惊奇的是，壁画上居然没有如今沙漠上人类最得力的助手——骆驼。

从这些现象出发，巴尔斯做出了一系列推测，他认为，在远古时代，将现在这片土地称之为沙漠似乎很不妥当，也许叫水草丰美的草原更

为贴切，而且根据壁画上动物出现的先后顺序，能够明显感受到这片草原地区的天气有越来越干旱的趋势，壁画上之所以没有出现骆驼这种动物，大概是因为在恶劣的沙漠环境形成过程中，当地的居民已经开始大规模迁移，还没有等到骆驼发挥很重要的作用，人就已经走光了，自然也就没有人来为沙漠方舟作画留念了。

不过，当时有怎样的一群居民在此生活，他们的历史轨迹如何，在草原向沙漠转化的过程中，他们遭遇了什么、采取了什么措施、后来又怎样了，这一系列的问题还等着人们去解开答案。

虽然以上问题的答案有待解决，但现代科技的发展已经有充分证据表明撒哈拉有过动物成群、水草丰茂的时期，一个最具说服力的证据就是人们在沙漠地区发现了大量的油气田，因为油气田从本质上来讲是动植物残骸长期累积变化的结果，如果撒哈拉一直是沙漠形态，那么是完全不具备形成油气田的条件的。

到了1981年，美国的科学家利用最先进的遥感技术，对沙漠下方的构成做了精确的考察，他们发现黄沙只是表面现象，其层层覆盖之下的是远古的河床和山谷。这更加证明了人们之前的判断。

但是，这么大一块区域，为什么逐渐变成了沙漠呢？目前科学家们还没有得出答案。

拓展阅读

生命的神奇之处在于，不管生存条件多么恶劣，只要有一丝活下去的希望，它们就会竭尽全力去适应恶劣的环境，为自己求得生存的机会。

沙漠就是这样一种极为严苛的生存环境，它对所有在这片土地上扎根的生命提出了统一的高要求——必须适应水分极少的环境，必须有应对强烈蒸发和阳光暴晒的能力，必须要接受食物稀少的考验。

生活在沙漠里的居民们无疑经受住了这些严酷的考验，不管是蛇、蝎子、骆驼等动物，还是椰枣树、仙人掌，它们都具备了极为出色的沙漠生存能力，这也是靠山吃山靠水吃水的另一种解释吧。

探究乐园

大家想到沙漠的时候，一定要避免陷入一个认识上的误区，认为沙漠和水源完全隔绝，这是不正确的。其实即便是在深处副高气压带的撒哈拉沙漠里，也是有水源存在的，只不过十分稀少罢了。要发现它们必须依靠一些特别的方法。比如以动物的行动踪迹为路标，直接找到水源，再比如从植物入手，刨开它们的根部，就会找到一些含有很多矿物质的水，经过简单的过滤处理之后，就可以饮用了。

目标课文二：登上地球之巅

珠穆朗玛峰的高度之谜

位于青藏高原之上的珠穆朗玛峰，是亚欧板块和印度洋板块挤压碰撞的结果，但这个结果却还不能称之为终极结果，因为从 5000 万年前珠穆朗玛峰就在板块挤压作用下隆起，到第四纪内的 300 万年间，它一共增长了 3000 米。也就是说大概每 1 万年上升 10 米，但是到了最近的 1 万年，珠穆朗玛峰却足足增加了 370 米，也就意味着它增高的速度越来越快了，达到每年增长3.7厘米的速度。

这一系列的数字着实让人类有些担忧，因为这不是田径赛场上的跳高比赛，追求更高、更快、更强，世界第一高峰其实不需要像独孤求败一样向天挑战。因为根据科学家的研究结论，地球上山脉的极限高度是 10000 米，如果超过这个高度，山体就有可能会"粉身碎骨"。

有科学家研究认为，珠穆朗玛峰的增高跟用岩石和泥土叠罗汉有着异曲同工之处：随着山体的高度一层层地增加，越是低层的岩石需要承受的压力就越大，山体底下岩石的承压力有一个极限，当山体给予底下岩石的压力超过了岩石本身的承压极限时，底下的岩石就会"粉身碎骨"，高山也会随之土崩瓦解。

可能有人会问，底下岩石的承压极限是多少呢？我们可以从微观的角度来看这个问题：我们知道，岩石是由岩石分子组成的，数量众多的岩石分子按照一定的结构顺序排列，这些岩石分子能够构成坚硬的岩石是因为它们之间存在电磁力。这个电磁力也是有限度的，一旦山体的重量超过了岩石分子之间的电磁力，底下的岩石就会碎裂，基底被破坏了的高山除了土崩瓦解之外，别无选择。

科学家们本着认真探究的科学态度，通过计算得出地球上山脉的高度极限是 10000 米。地球上的任何山脉都不能超过这个极限高度，一旦有哪一座山脉超过了 10000 米这个高度，那么等着它的就会是基底碎裂，整个山脉土崩瓦解。

由此看来，珠穆朗玛峰持续增高并不是什么值得庆贺的好事，相反，如果珠穆朗玛峰的持续增高不能得到有效控制，这将是一件破坏性很大的事情。为了防患于未然，我们能不能像对人一样及时对它进行治疗呢？

知识卡片

登上世界第一高峰，一直是很多人的梦想，因为它代表了一种超越精神，既是对自然界的一种超越，更是对自身能力和毅力的一种超越。8844.43 米的海拔，终年积雪的山体现状，这些对人类而言都是极限的巨大挑战。1960 年 5 月 25 日，中国登山队第一次登上了珠穆朗玛峰的峰顶，更在 48 年后的奥运之年，进行了最高海拔的奥运火炬传递，中国登山队的队员们将奥运圣火传递到了地球上的最高峰，再一次创造了中国奇迹。

拓展阅读

藏语"珠穆朗玛"就是"大地之母"的意思。

1258 年出土的《莲花遗教》以"拉齐"称之，噶举派僧人桑吉坚赞《米拉日巴道歌集》称珠穆朗玛峰所在地为"顶多雪"。1717 年，清朝测量人员在珠穆朗玛峰地区测绘《皇舆全览图》，以"朱母郎马阿林"命名，"阿林"是满语，意思是"山"。1858 年印度测量局在英国人主持下，擅自用该局前局长额菲尔士的姓氏命名此峰。1952 年中国政府将额菲尔士峰正名为珠穆朗玛峰。

目标课文三：三峡

长江三峡：风光绮丽入画来

当年毛泽东主席所说的"高峡出平湖"正伴随着三峡工程的修建而日益成为现实。让我们看看几组关于三峡工程的数字，便知道这项工程的庞大、复杂和影响深远。

水库全长达到了 600 余千米，三峡大坝的坝顶总长超过了 3 千米，坝顶高为 185 米，正常蓄水位达到了 175 米，总库容为 393 亿立方米。

对普通人而言，三峡工程除了一堆包括投资额、发电量、移民数量等天文数字之外，没有多少直观的感受。但有一点可以确认，曾经天下闻名的三峡风光已然随着三峡工程的修建成为历史。现在我们只能通过前人的图像和描述来领略当年三峡的俊美风光。

三峡，顾名思义，是三个峡谷的总称，它们分别是瞿塘峡、巫峡、西陵峡，这三个峡谷自西向东，顺流而下，在重庆奉节到湖北宜昌的流域中，它们共同演绎了一幅波澜起伏、回环跌宕的山水画卷。

三峡的风光之美，重点在于层次鲜明，推进的节奏十分流畅。就像看电影一样，它不仅有许多背景场地的转换，还有不同高潮的演绎。

先以瞿塘峡来说，如果它要在电影中扮演一个角色的话，那一定是项羽一类的人物，极尽雄霸之能事，浩浩荡荡，以大无畏的姿态奔流前行，绝不拖泥带水。这和瞿塘峡的特点分不开，因为它的距离很短，从奉节县白帝山到巫口县大溪镇，全长仅 8 千米，它流经的区域两岸高山林立，河道狭窄，最惊险之处宽度不到 50 米。船行江中，在湍急河水的作用下，自有一股舍我其谁、乘风破浪的豪情。

自巫山县大宁河口始，终于巴乐县官渡口的巫峡则以"秀"名闻天下，这条长 40 余千米的河段，沿途景色之秀丽、文化遗址之丰富，可以说是世间少有。

最长的西陵峡特点更为鲜明，一个"险"字足以说明它带给人们的震撼。70 多千米的河道中，险滩暗礁不计其数，在这里，你会真正感受到什么是和大自然势均力敌的搏斗。当年很多船工都在此地吃过亏，也正是因为吃了亏，他们才变得更为强大，这种遇强则强的互动在无形中大大提高了船员们的能力。现在随着水库的蓄水，西陵峡的"险"成为了历史。

三峡风光已然不再，但人总是要往前看的，我们真的希望三峡工程能够带来新的风景。

📚知识卡片

三峡景区在整个中国的旅游谱系中都占有相当重要的地位，被评为中国十大风景名胜区之一。这段总长度达到 193 千米的河道，沿途串联起了很多的旅游景点。经过合理的旅游规划和调配后，展现在旅客面前的不再是一些风景的碎片，而是一组有声有色、有血有肉的立体山水风景电影。

拓展阅读

重庆有一个几乎是全中国独有的旅游景点——丰都鬼城，这座以中国传统的鬼神文化为基础的主题公园，恰好处在三峡旅游线路上的第一站。到了那儿，你可以体验到完全由另一套法则统治的世界，虽然都是人工设计和操纵，但场景布置很用心，有比较强的现场感，喜欢刺激的朋友可以去尝试一下。

目标课文四：望岳

泰山无字碑之谜

在泰山之巅，有一块引发后人无数猜测的巨大石碑，它高约 6 米，主要构成部分是石柱、顶盖石和顶柱石。这块大石碑在山巅屹立了千年，但谁也不知道这块碑是谁立的、为什么要立，种种疑惑的主要原因就是这块石碑上一个字也没有。

难道是外星人在地球上的杰作？想想并无这种可能。于是，人们又将目光转移到了我国浩如烟海的史料，有人认为是秦始皇立下的碑，因为当年他统一六国之后，确实来过泰山封禅，而且把无字碑和秦始皇焚书坑儒的做法结合起来看，也不无道理，在代表权力的泰山之巅，立一块这样显眼的无字碑，告诫天下臣子，不该说的就不要说，不该写的就坚决不要写，威慑的意味十分明显。一些文人都比较认同这种看法。连乾隆皇帝都专门赋诗一首以表达自己对无字碑的判断和态度，诗云："本意欲焚书，立碑故无字。虽云以身先，大是不经事。"矛头直指秦始皇。

不过，这种观点又被史籍的记载推翻了，因为在司马迁的《史记·秦始皇本纪》中明确说明，秦始皇确实在泰山举行了盛大的封禅仪式，也确实有石碑的存在，但是石碑上是刻了字的，具体为"其辞曰：皇帝临位，作制明法，臣下修饬。二十有六年，初并天下，同不宾服。亲巡远方黎民，登兹泰山，周览东极"。这些文字也比较符合当时的礼俗条件，所以秦始皇立碑警告臣民们这种说法根本说不通。

后来，人们又把关注的目光转移到了汉武帝刘彻的身上，因为《史记》中有这样一段话："东上泰山，泰山之草木叶未生，乃令人上石立之泰山巅，上遂东巡海上，四月还至奉高，上泰山封。"这就说明汉武帝也上泰山封过禅，也在泰山上立下了一块碑，只不过司马迁并没有明确指出上面是否有字。那就只有两种可能：要么有字，要么没字。根据司马迁严谨的史学态度，如果石碑上有字，他没有理由不写下来，况且前朝的秦始皇所立碑文中的文字都原原本本地写了下来，本朝皇帝的应该也没有问题。所以综合来看，此无字石碑是汉武帝所立的可能性较大。不过，这一点却和汉武帝一向的行为习惯有些出入。众所周知，刘彻是一个很有抱负的人，他希望自己的文治武功广为传播，为天下人所熟知，难道这次封禅之时，他竟然突然顿悟了，感叹人生在宇宙中的渺小和苍白，想要立一块无字碑来让后人评说？

虽然，现在还没有绝对的证据证明这块石碑是汉武帝所立，但有一点却是确定无疑的，那就是曾经显赫一时，在泰山之巅举行封禅仪式的皇帝都已化为一堆白骨，而这块来历不明的石碑却还在观望着中华大地的云卷云舒、世事变幻。

知识卡片

说实话，单从山的角度讲，泰山在中国这个名山大川汇聚的国度里，占不到任何便宜，要海拔没有海拔，雄、奇、险、秀、幽也都不能算是顶尖级别，但是它在中国的文化中却占据着十分重要的地位，不但归为五岳之首，还被称为天下第一山，中华文明发祥地之一等。很多帝王都在泰山封禅，泰山的影响力也越来越大。

探究乐园

"有眼不识泰山"中的"泰山"非东岳"泰山"

相信大家对"有眼不识泰山"这个成语都不陌生，它比喻见识浅薄，不能认出比自己名气大、地位高或能力强的人。多为自谦或道歉用语。千百年来，人们一直将"泰山"误认为是五岳之首的泰山，其实这里的"泰山"指的是一个人。

这件事其实还得从我国著名的鲁班先生说起，当时他门下有很多弟子，其中就有一个叫泰山的人。大家都知道，鲁班的老本行是木匠，所以教弟子的也主要是木工技术，可这泰山却长期痴迷于竹器的雕琢，于是鲁班把泰山逐出了师门。

这个泰山在竹器方面真的拥有很高的天赋。有一天鲁班在集市中无意间发现了泰山的作品，感到震惊不已，十分佩服，于是连忙打听竹器的制造者是谁，店家告诉他，是泰山所作。知道这些后，鲁班意识到自己当时确实有些自以为是，看走眼了，因此，发出一声长叹——有眼不识泰山。

但是由于五岳之首的泰山太过有名，人们也就渐渐淡忘了这个典故背后的来源，认为此处的泰山就是位于山东的那座著名的泰山。

目标课文五：阿里山纪行

阿里山神木传奇

台湾有一种很特别的林木——红桧，它生长在海拔 1500～1800 米之间的阿里山山区。这些地方，终日云雾缭绕，为这种枝叶比较扁平的常绿大乔木提供了极好的生存空间，因为当地原住民数量不多，对红桧的消耗极少。所以，阿里山区有许多树龄上千年的大红桧。

但这一切都在日本人占领台湾后改变了，这些吸收了上千年天地精华的巨型红桧遭到了日本人毁灭式的开采。因为红桧具有极为特别的木质结构，不仅能散发出一种防虫蚁的特殊香味儿，在抵御湿气侵袭方面也有极好的表现，可以长久不腐。这些特点使得红桧成为人们极为渴求的名贵建筑材料。日本人利用占领者的武力强势地位，强迫当地居民专门修建了一条从山上往下运输红桧的铁路。为了修建这条铁路，总共开凿了 66 条隧道，架设了 86 座桥梁。由此可见，日本人为了尽可能多地掠夺红桧下了多大的决心。日本占据台湾的 50 年间，日本人总共砍伐了超过 400 万立方米的红桧，这个数字几乎意味着阿里山山区的红桧资源被一扫而空了。

从现在台湾地区对剩下的几株巨型红桧的重视程度可以得出很直观的印象，现在"高龄"的红桧越来越少了，有一棵高 57 米，胸径 6.5 米，树龄 3100 年的巨型红桧在 1997 年因为暴风雨倒塌之后，第二年林务局将神木放倒，让其就地安息。现在整个台湾岛上树龄在几百年到两三千年之间的红桧仅有 30 多株，要知道在日本人疯狂开采之前，红桧数量是以万为计量单位的。

最让人气愤的是，日本侵略者不仅把掠夺来的珍贵木材用于建造皇室宫殿和富人的豪宅，还有相当大一部分的木材被用来建造供奉日本侵略者的神社，靖国神社就是其中的典型代表。

现在红桧在台湾有着较为特殊的意义，尤其是那些从日本法西斯手下幸免于难的，它们正以一种颇为神奇的方式创造着新的历史，比如其中生长方式最为特别的三代木，它们在同一株树的区域内实现繁衍和传承，带给人们极大的震撼。

如果大家有机会到了台湾，一定要去看一看这些经历过太多风风雨雨的千年古树，这样才对得起台湾之行的意义。

📚 知识卡片

阿里山神木树龄大概有两千多年历史,根据推算,它应该诞生于周朝。如今在阿里山主峰,你可以看到这株高耸入云的庞然大物。尽管阿里山神木已经经历了数千年,主干已经断裂,但是在树梢部分却能够看到鲜嫩的枝叶正在努力生长,展露出了它屹立千年的生命力。因为它诞生在周朝,所以阿里山神木又被称为"周公桧",是当之无愧的亚洲树王。

💡 拓展阅读

台湾的阿里山地区由于得天独厚的气候条件,成为远近闻名的避暑胜地。想象一下,在烈日炎炎的盛夏,能够找到一个绿树成荫,没有蚊虫,而且温度还仅仅在20℃上下的大型公园,那该是件多么让人兴奋的事情。阿里山就是这样一个可以满足这些愿望的所在,夏天到阿里山去避避暑吧!

🎓 目标课文六: 蓝蓝的威尼斯

品味威尼斯

说到浪漫之都,大家会自然地想到法国的巴黎,那里的每一朵花似乎都涌动着爱情的火苗。总之,巴黎就是一座被爱的火焰炙烤的城

市。浪漫并不逊于法国的意大利，则有另外一座让世人流连忘返的城市——威尼斯，她和巴黎正好相反，一切的柔情缱绻都融进了无处不在的河网之中。两相对比，一个是火，一个是水，在欧洲大地上，缠绵反复，遥相呼应。

威尼斯被称为"水城"，估计没有人会怀疑是否夸大了她和水的亲密程度，因为只要你来到这里，一切都明了了，水就是这座城市的命脉和灵魂，没有了水，威尼斯也就不是威尼斯了。

在这个城区面积不到 8 平方千米的城市里，小岛、运河、桥梁的数量分别为 118、177、401，如果你没有真正来到这座城市，那么很难想象如此小的空间里是如何容下这么多的岛屿和桥梁的，但威尼斯人确实做到了，而且做得很巧妙。

在建造这座城之前，意大利人几乎砍光了北部的森林，他们将大量的木桩先尽可能紧密地填埋于淤泥之中，然后在上面铺上一层又一层的木板，最后采用重量很大的石头等建材来修造房屋。这样的方式看起来让人有些难以置信，因为大家根据常识都可以想到，泡在水中的木头会渐渐软化或者腐烂，以它们为地基，在上面修房子岂不是自取灭亡？但是意大利人用多年的经验告诉世人，大量集聚在一起并和空气相隔离的木头在水下不仅不会变软，相反它们还会变得像钢铁一样坚硬，威尼斯城数百年的屹立不倒也证明了这一点。

作为当今世界上少数几个几乎没有汽车运行的城市之一，威尼斯的主要交通工具无疑是各种各样的船。其中知名度最高的就是"贡多拉"了，这些船只都装扮得相当漂亮，既有浓郁的地域风情又有强烈的个性色彩。这里的船夫和我们传统意义上的公交司机可大不一样，他们很悠闲，打扮得也很得体，有时心情好，还会在夕阳的余晖中唱上两首歌。虽然，赚游客的钱是他们经济收入的来源，但他们更享受这份工作带来的快乐和惬意。

坐在租来的"贡多拉"上，由着小船在河道中不紧不慢地划，双眼扫过河道两旁拜占庭、巴洛克、哥特等各种风格的建筑，和来自世界各地的游客们一起沉醉，沉醉在那让人迷乱的河道中。在威尼斯，你会感到水的灵动，人的淡然优雅，这一切会带你进入一个全新的世界。

知识卡片

威尼斯这座城市最热闹的地方莫过于全市的活动中心——圣马可广场，它曾经因为太过美丽的景色而让拿破仑占据了旁边的总督府，然后自己住进去，使之成为众多行宫中最美丽的一个。这座广场是公共活动中心、政治和宗教中心，三者的叠加让圣马可广场永远没有冷场的时候，无数的鸽子、无数的活动、无数的游人，还有什么比这热闹呢？

拓展阅读

水城威尼斯

姜尼·罗大里

水面上一座古桥，

一个月亮在古桥上挂。

水面下一座古桥，

一个月亮挂在石桥下。

天上一眨一眨的是星星，

水下是星星一眨一眨。

你说哪一座古桥是真？

你说哪一个月亮是假？

目标课文七： 美丽的西双版纳

西双版纳的珍贵稀客

在我国的植物宝库——西双版纳——有很多让人们十分好奇的树木，它们给了人类很多惊奇，同时也为人类带来了很多困惑。

首先要说的是一种被称为夫妻树的植物。追求和和美美、至死不渝的爱情是人类的一种本能，在人类千百年来的发展过程中，演绎出了无数催人泪下的爱情故事，这种对爱情的执着追求在某些动物身上也有所体现，比如鸳鸯。但是至今为止很难听到植物界中传出此等爱情佳话，夫妻树的出现弥补了这一缺憾，为爱情大家庭添上了一个完美的模范。夫妻树只能两棵一起养，单独栽培难以成活，当两棵树靠得比较近的时候，它们会不自觉地向中间靠拢，最后形成一个人字形的缠绕，合二为一。当夫妻树生长到一定阶段后，会开出紫红色的小花，煞是美丽。

夫妻树的感情十分让人感动，可是下面这种树的表现就让人有些

伤感了。在云南的西双版纳，有两种很像亲兄弟的榕树品种，一个是小叶榕树，另外一个是大叶榕树。按理说，它们有很近的亲缘关系，理应相互扶持，多多照顾，可小叶榕树的表现却有一些恩将仇报、兄弟背后来一刀的感觉。这事儿还得从小叶榕树的果实说起，因为它的果实很鲜美，十分受鸟类的欢迎，鸟儿们往往又不能消化种子，所以就会将大量的小叶榕树种子排泄出去。当然，这些粪便很有可能会落在大叶榕树的枝干上，这些种子在水分、气温等条件适宜的情况下会再次发芽生长。这个时候，它们就像寄生虫一样黏在了大叶榕树的身上，然后继续生长，不断释放出大量气须根，这些长在大叶榕树上的气须根又逐渐进入到泥土之中，吸收营养，从而长出更多的气须根。就这样，大叶榕树完全被小叶榕树困住了，根本没有办法吸收自身所需的养分，也不能进行正常的光合作用，最后只能枯死了。

小叶榕树的生存和繁衍方式在人类的伦理学范畴上看来虽然有些问题，但也还不算太过分，而箭毒木则是森林中当之无愧的狠角色，因为只要动物破损的皮肤碰到这种树的乳白色汁液，就会中毒死亡。其威力可见一斑。

小叶榕树和箭毒木都显得有些沉重，接下来就介绍一个轻松有趣的植物——神秘果树吧。这种树的神秘之处在于它那像花生米一样的果实，人们吃了这种果实之后会产生很有意思的现象，酸梅和苦橙皮在嘴里的味道变成了甜的。科学家经过研究已经解开了这个变味神秘果的奥秘，原来在这种果实中蕴含着一种很特别的化学元素——属糖朊，这种化学元素会对人的味觉神经造成短时间的影响，以至于神经向大脑传递一些失真的味觉信息。

知识卡片

大家有没有感觉，听到西双版纳这个名字，就有一种异域风情扑面而来。确实，西双版纳对得起"理想而神奇的乐土"这个解释。作为我国云南边陲的一个少数民族自治州，那里浓郁的少数民族风情，中国少有的热带雨林景观不断地吸引着四方宾客。

拓展阅读

西双版纳独特的气候条件让它成了我国的茶叶发源地之一，在这个地区，国内多种名茶在此扎根，包括普洱茶、南糯白毫、佛香茶、云海白毫、岗绿、旋云茶等，西双版纳出产的茶叶，自古以来就有很好的品质保证。不管是大叶种茶还是绿茶，都能让人产生这样的感觉——对了，这种茶就是这个味道。从明清时期就开始的茶叶贸易，已经给这块常年飘散着淡淡茶香的土地沉淀了丰厚的茶文化底蕴，伴随这一地区交通、物流和信息建设的加快，西双版纳的茶文化将会发展得更好。

目标课文八：飞红滴翠记黄山

秀丽黄山

"具有泰岱之雄伟、华山之险峻、衡岳之烟云、匡庐之飞瀑、雁荡之巧石、峨眉之清秀"这是古人给予黄山的高度评价。现在我们就来看看为什么黄山能够集众多古今旅游人士的宠爱于一身，为什么能够被称为"集天下胜景于一体"。

提起黄山，大脑里马上就跳出四个字"黄山四绝"，好吧，那我们就先从这些人们认知程度最高的"四绝"说起。

第一绝是黄山上的奇松。由于黄山山脉千峰万壑，加之当地的气候条件很适合松树生长，所以面积广大的黄山景区，到处都能看到松树的身影。众多的松树品种大面积地覆盖，自然会涌现出很多给人留下深刻印象的"奇松"，所以就有了后来闻名世界的黄山十大名松，它们分别是：迎客松、送客松、蒲团松、黑虎松、探海松、卧龙松、团结松、龙爪松、竖琴松、陪客松。这里还不得不提到一个文化背景的问题，在中国传统文化中，松树是一种高尚节操的象征，所以人们往往会带着一种情感去欣赏它们，这样一来，松树就不只是松树了，它们正在引导游客进行一次心灵的清洗和除尘，从这一点上来讲，黄山的旅游品位就又上去了几分。

第二绝是黄山的怪石。黄山怪石奇景的形成主要和黄山天然的地质构造和地貌特征有关，旅客在机缘巧合之下可以在不同的角度看到不同的拟态形象，这是大自然的巧妙规划。

第三绝是云海。在海拔并不太高的黄山上有这样的云海景观，真的很难得。黄山地区多云雾天的特点是云海形成的必要条件。在重重叠叠、高低起伏的山间，一朵朵云彩从脚下飘过，相信这种感觉对大多数人而言都是天堂般的享受。黄山地区平均一年里超过 200 天是这样的天气，尤其是冬天，云雾翻腾的壮观程度更是

远高于平时。面对云海，所有的烦恼和不快都将消失得无影无踪，因为那些情绪在云海面前，太过渺小，面对这样的景象，人的心胸也比平常开阔了许多。

　　第四绝是温泉。泡温泉是一种享受，如果能在一个风景秀丽、温泉质量很高的地方泡一泡，那就更好了。黄山恰好集美景与温泉于一身，而且黄山温泉中所含有的矿物质对人体健康是很有好处的。去了黄山，当然不能错过久负盛名的灵泉。

　　如果黄山只有这四绝的话，可以称之为一个很好的旅游地点，但千万不要忘了，黄山区域内还有诸多文化古迹的映衬，就拿清新婉约的徽派建筑艺术来说吧，仅凭这一项，就已经可以作为一个很好的文化旅游项目，和黄山联系起来之后，就能带来更为巨大的整合影响效果。至此，黄山的自然文化项目和人文文化项目实现了最终的完美对接，这才能真正解释为什么黄山会被人们赞誉为"集天下胜景于一体"。

知识卡片

　　黄山位于安徽省南部黄山市境内（景区由市直辖），为三山五岳中的三山之一，有"天下第一奇山"之美称，是我国最美、最令人震撼的十大名山之一。黄山是一座很有灵性的山，正是这种灵性让轩辕黄帝选择此地炼丹。徐霞客曾两次游黄山，留下"五岳归来不看山，黄山归来不看岳"的感叹。李白等大诗人也在此留下了壮美诗篇。

拓展阅读

　　要说黄山的第一大镇山之宝，毫无疑问是王屏峰东侧、文殊洞之上的迎客松，它高达 10.1 米，有 800 岁的高龄。迎客松生长于海拔很高的位置，昂首挺立于山巅，姿态优美，做迎客状，十分形象，因此被列入《世界遗产名录》。

第六章
乡土情怀

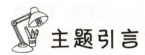

主题引言

　　"一方水土，养一方人。"故乡那些熟悉的土地上留着我们幼时的泥脚印；故乡那熟悉的空气里留着我们冬日玩耍呼出的气息；故乡那熟悉的山山水水里寄怀着我们无尽的相思。无论走到哪里，始终会有一段乡愁，紧密地连着我们。正所谓："金窝银窝，不如家乡的沙窝窝。"当我们身在异乡的时候，才会觉得故乡的明月是那么的皎洁，故乡的山水时常出现在我们的梦里，魂牵梦绕。这或许是一个一个关于故乡的故事，又或许不只是故事。

目标课文一：最后一课

郑振铎的《最后一课》

法国著名作家都德的《最后一课》是文学史上脍炙人口的一篇佳作，获得了不同国家、不同民族、不同背景、不同时代的许多人的喜爱。这篇文章激荡起无限的爱国情怀，勾起那些有过相似经历的人的共鸣，让那些不曾经历过的人也能感同身受。在我们国家，其实也有一个人经历过类似于《最后一课》的场景，那就是郑振铎先生。

1941 年 12 月，被诸多条例保护的孤岛上海，由于太平洋战争的全面爆发而彻底沦陷。当时郑振铎先生在上海国立暨南大学任教。12 月 8 日这天，日本人的轰炸机和炮火声响彻云霄，仿佛要把这颗东方明珠碾成粉末。郑振铎先生仍然坚毅地站在三尺讲台上。上海国立暨南大学全校师生一致决议，但凡有一个日本人从门口经过，全校立即停课，这所大学关闭结束。

这是郑振铎和在场同学的最后一课，外面炮火声喧嚣着。先生镇定地在讲台上讲授，这节课先生想把它当作一堂普通的课来上，但是还是压抑不住自己内心复杂的心情。先生收起了以往的严厉，语调也跟着亲切起来。同学们的脸上没有一丝惊慌，在他们心里，只要先生还出现在他们的视野里，他们就能感受到那份坚决和安全。郑振铎先生恨不得把自己的所学都在这一堂课上全部教给学生们，学生们也憋足了劲，想要从先生的课堂上记录下更多笔记，仿佛这将是他们这一生最后一次学习一样。

上午十点多，学校门口停下了几辆日本军用车，车里下来好多人。教室里的郑振铎先生得到消息之后，淡然地合上自己的书，果决地对同学们说："现在下课！"学生们听到老师的话，齐刷刷地站起来，忘了给老师行礼道别。或许他们不忍心跟眼前的先生说再见，他们不确定是否还有机会在三尺讲台上再次看见这位心灵的导师。郑振铎先生看着学生们，想说些什么，动了动嘴唇之后，却什么也没有说。这时候一些女同学已经忍不住小声地啜泣起来。

谁曾想，这竟然是郑振铎先生人生的最后一堂课。抗战胜利之后，反动政府警告每一所大学，不许任何大学聘请郑振铎先生当老师，郑振铎便与自己喜爱的三尺讲台诀别了。先生午夜梦回，总能看见自己拿着粉笔在黑板上奋笔疾书，和年轻的学子们一起遨游在知识的海洋里。晚年每每说到这最后一课，郑振铎先生都止不住老泪纵横。

爱国情怀不分国籍，亦不分民族、时代，这种情怀会永远萦绕在人们的心头。

人物简介

郑振铎（1898—1958），我国现代著名的作家、翻译家、文学评论家、新文化运动的倡导者。曾任上海商务印书馆编辑，上海国立暨南大学教授等职务。新中国成立以后，任全国文联福利部部长，1955年被评为中国科学院院士，1958年率领中国文化代表团出国访问，因飞机失事，不幸遇难。

素材宝库

爱国情怀·名人名言

●我爱我的祖国，爱我的人民，离开了它，离开了他们，我就无法生存，更无法写作。　　　　　　　　　　——巴金

●我们爱我们的民族，这是我们自信心的泉源。　　——周恩来

●人生自古谁无死，留取丹心照汗青。　　——（南宋）文天祥

●祖国如有难，汝应作前锋。　　　　　　　　　　——陈毅

●人民不仅有权爱国，而且爱国是个义务，是一种光荣。

——徐特立

●恨不抗日死，留作今日羞。国破尚如此，我何惜此头。

——吉鸿昌

目标课文二：艰难的国运与雄健的国民

爱国少年李大钊

　　李大钊先生少年时，国家正当多事之秋。当时的中国沦为半殖民地半封建社会，中国仿佛一块案板上的肥肉，任由蛮横的帝国主义任意瓜分。李大钊5岁时，中日甲午战争爆发，11岁他就听说了义和团运动。虽然当时的中国政府腐败无能，但是中国广大人民不甘做亡国奴、奋起反抗的英勇精神，深深影响着幼年时的李大钊。

　　年幼的李大钊有很多想不明白的事，他总是问老师："为什么洋

人可以在中国横行霸道？""为什么富人稻谷满仓，穷人却连衣服都没得穿，粥都喝不上？"每每这个时候，老师也万分无奈，面对千疮百孔的国家，老师能说什么呢？李大钊的家乡，7000 多亩土地，却集中在几家大地主手里，大地主和商人对穷困潦倒的农民阶级无情地剥削和压制，这些都被年少的李大钊记在脑海中。13 岁的时候，李大钊跟自己的老师说："将来我一定要推翻清政府！"这样的话被朝廷知道了，是要杀头的，年少的李大钊却敢大声说出来，由此可以看出李大钊的勇敢和坚决。

父亲送李大钊去学校读书，无非就是希望他能为李家光耀门楣。但是李大钊并没有按照父亲安排好的道路走下去，而是毅然走上了爱国革命的道路。李大钊先生发奋读书，他相信书中能有救国救民的良策，他希望为拯救国家贡献一份自己的力量。就读永平府中学时，李大钊先生对祖国的命运更加关注，他时常和同学们一起讨论政治大事。对梁启超、康有为等人的书刊爱不释手。1907 年，李大钊先生凭借着自己的爱国情怀报考了北洋法政专门学校，在北洋法政专门学校的 6 年里，李大钊对"新学"有了初步的接触和认识，在这里，他的视野得到了开拓，对复杂的社会问题也有了更加深刻和全面的理解，这些都为他后来的革命事业奠定了坚实的基础。

李大钊先生一生追求民主，抱着"矢志努力于民族解放事业"的爱国思想，成了中国共产主义革命的先驱者。

人物简介

李大钊（1889—1927），中国共产主义的先驱、伟大的马克思主义者、杰出的无产阶级革命家、中国共产党的主要创始人之一。李大钊先生一生学识渊博，不但在革命道路上成了后来人的明灯，在文学方面也是非常杰出的学者。1927年在反动军阀的白色恐怖中，年仅38岁的李大钊先生被捕入狱，受尽折磨仍然不改自己的信仰，凭着一身铮铮铁骨，让敌人无可奈何，最后被残忍杀害，为国牺牲。

素材宝库

李大钊·经典语录

● 人生必须的知识就是引人向光明方向的明灯。

● 人生最高之理想，在求达于真理。

● 试看将来的环球，必是赤旗的世界。

● 历史的道路，不全是平坦的，有时走到艰难险阻的境界，这是全靠雄健的精神才能够冲过去的。

● 惟知跃进，惟知雄飞。

● 人生最有趣味的事情，就是送旧迎新，因为人类最高的欲求，是在时时创造新生活。

● 青年者是人生之春，人生之华，人生之王也。青年党员朝气蓬勃、激情飞扬、精力充沛，是创造力最旺盛的时期，思维比较敏捷，接受新事物快，这正是青年党员学习业务技能的优势所在。所以，我们要充分利用年龄上的优势，刻苦钻研业务技能，并通过实践积累经验，在经常性、基础性工作中增长才干。

目标课文三：芦花荡

孙犁雅号"典型"的由来

孙犁是当代著名的文学家，但是很少有人知道，孙犁先生还有一个幽默的雅号——"典型"。

1938 年在中国抗日战争史中是非常重要的一年。经过北方局的批准，在冀中、冀南、冀西联合办了一所抗战学校，学校设在当时深县旧州原来的第十中学里。在当时的国人心中，抗日是众人心所向之事。得到消息的流亡学生，纷纷前来报考。抗战学院对学生的年龄没有限制，也不限文化程度，只要能识字，都可以参加，抗战学院一时之间非常火爆。学院的学生最小的只有十二三岁，最大的有四十好几了，还有父母子女兄弟姐妹一起来报考的。有位母亲带着自己十二岁的女儿，从北平穿过层层封锁线，才到达深县。后来母女俩都成了抗战学院民运院的学生。当时抗战学院秉承着"一切为抗战服务"的宗旨。学生的生活都是军事化和战斗化管理。开学第一天，翼中军区总司令亲自到学校给大家讲了毛主席刚刚在延安抗日战争研究会上的讲话《论持久战》。学校的学生有共产党员、国民党员、爱国民主志士，大家齐聚一堂，准备为抗日战争奉献自己的力量。

孙犁先生是学院的教官之一，他学富五车，知识渊博。因学校学员众多，只好在操场搭起了大课堂。操场上横排着一条条杉木，中间竖一块黑板，老师站在黑板前，五六百学生就坐在杉木上。孙犁先生的口头禅是"典型"，他一堂课三个小时，要说好几十遍"典型"这个词，于是学员们就给孙犁先生取了一个雅号——"典型"先生。

当时学校讲哲学的王晓楼老师有一匹矮矮小小的青马，孙犁先生非常喜欢，总是相约去郊外骑马。这一天孙犁先生又和王晓楼先生到郊外庄稼土道上骑马，孙犁先生并不擅长骑马，所以骑上马之后摇摇晃晃，总是要掉下来。周围的学生看到老师憨态可掬，都高呼"典型！""典型！"从那以后，"典型"就成了孙犁先生的雅号了。

人物简介

孙犁（1913—2002），原名孙树勋，河北省安平县孙遥城村人。当代著名文学家，中共党员，抗日老战士，被誉为"荷花淀派"的创始人。1927年开始文学创作。1939年后参加抗日工作，曾任河北抗战学院教官，晋察通讯社、晋察冀边区文联、晋察冀日报社编辑及华北联合大学教师，延安鲁迅艺术文学院教师，《平原杂志》编辑。

拓展阅读

孙犁先生非常喜欢读书，从战争环境成长起来的一代作家中，孙犁爱好读书是众所周知的。喜欢读古书的孙犁先生经常抄写自己读的书，晚年抄书愈发多了起来。孙犁在1983年回答客人问题的时候，曾经这样说过："我的生平，没有什么其他爱好。不用说声色犬马，就是打扑克、下象棋，我也不会。对于衣食器用，你都看见了，我一向是随随便便，得过且过的。我钱少，又无他能，有些余力，就只好爱爱书吧。"

目标课文四：故乡

鲁迅也有微笑时

　　说起鲁迅，浮现在大家脑海里的一定是一副严肃正派的先生形象。其实严肃正派的鲁迅先生也有微笑的时候，只是很少有人能见到罢了。

　　小时候，鲁迅先生见国人体质羸弱，于是立志成为一名医生，救死扶伤。后来，鲁迅先生意识到国人的灵魂更需要医救，便毅然弃医从文，希望自己的笔头能唤醒民众麻痹的心灵。鲁迅先生穷其一生，用自己的文人良知，向封建专制社会以及黑暗的文化礼教发起挑战和批判，他坚持民主正义的立场，为穷苦百姓伸张正义。在国人心中，鲁迅先生的形象是高大威武的。在他56年的短暂生命里，创造了许多影响后世、发人深省的文学著作。

　　鲁迅先生有着一身硬骨头。每每读完先生的文字，脑海里总是不由自主地浮现两道犀利的目光，仿佛两盏海上的信号灯，穿透黑夜中遮住人视线的浓雾。在那么多作家里面，鲁迅先生是最敢言的一个。你是当权政党，他敢骂你的黑暗和不公平，他骂苟延残喘，他骂落水狗；你是达官贵人，他敢骂你的麻木不仁、残酷剥削的本性。他用他的笔头揭露国民众生的劣根性，他毫无顾忌地点醒世人，这是一个人吃人的社会！他同情艰辛的闰土，又指责闰土的麻木，他为祥林嫂叫不平又批判她不自立。他是一位伟大的作家，同时也是一位伟大的民主革命战士。

我们只看到了《呐喊》《野草》里鲁迅先生的横眉冷对千夫指，忽略了他《朝花夕拾》中对童年快乐的回忆。无论是《从百草园到三味书屋》《社戏》还是《故乡》，里面都充满了先生对过去美好生活的回忆，那时的他单纯、童真，怀揣梦想，应该也是满脸笑容的吧。

知识卡片

鲁迅故居位于东昌坊口周家新台门西首，约建于 19 世纪初叶。1881 年 9 月 25 日鲁迅就出生在这里的西次间，一直生活到 1899 年 18 岁去南京求学，后来回故乡任教也基本上居住此地。新台门是周家多年聚族而居的地方。这里原有的正中大门是六扇黑漆竹门，改建后已不复存在。鲁迅曾高祖一房移居新台门，世系绵延，到了清朝光绪、宣统年间，整个周氏房族逐渐衰落。1918 年，经族人共议将这群屋宇连同屋后的百草园卖给了东邻朱姓。房屋易主后，原屋大部分拆掉重建，但鲁迅家居住的地方主要部分幸得保存。新中国成立以后，人民政府多次拨款整修，已经恢复旧观，原来的家具也多数找回，并按原样陈列。

拓展阅读

鲁迅乱付理发款

鲁迅先生在文学著作上确实是严谨和认真的，但实际上本人却是一个非常不拘小节、和蔼可亲并喜欢和别人开玩笑的可爱的先生。

1926 年，鲁迅先生在厦门大学任教。有一天他要去理发，走进理发店，理发店师傅见他一身破破旧旧的灰色长衫，布鞋也十分破旧了，心中暗自觉得这人一定没什么钱，理发时就敷衍了事。鲁迅先生看到理发店师傅的举动，一句话也没有说。等到结账的时候，他从兜里随意掏出一大把铜圆放在柜台上。理发店师傅见到鲁迅掏出那么多钱，一下就恭敬起来，知道自己不应该以貌取人。

又过了几个月，鲁迅先生的头发长长了，他又去之前的那家理发店剪头发。这一次还和上一次穿的衣服一样。理发店师傅一眼就认出鲁迅是上次多付了钱的那位先生，丝毫不敢怠慢，赶紧将鲁迅奉为上宾。理发师傅很认真地给鲁迅理发，可不像上一次一样敷衍了事了。可是到了结账的时候，鲁迅先生却没有像上次那样多给钱，他掏出钱，仔细地数了数，递给理发师傅。理发店师傅很纳闷，就问："先生，上一次我随随便便地给你剪头发，也没有热情招待，你却给我那么多小费。怎么这次反而不给小费了呢？"鲁迅先生笑了笑说："上一次你胡乱给我剪头发，随便应付我，所以我就胡乱地给钱啊。可是这一次，你这么认真地对待我，我怎么能胡乱付钱呢？"鲁迅先生的一番话，说得理发店师傅面红耳赤，自那以后，理发店师傅再不敢以貌取人了。

目标课文五：我爱这土地

眼里常含泪水的艾青

1957年，丁玲被指为"丁陈反党集团"首要成员，时常被无情地批判，尽管艾青本人并不大喜欢丁玲这个人，但是他实在看不下去，就出面为丁玲说了几句公道话。就因为这几句公道话，艾青被打成"大右派"，

还被开除了党籍，革去一切职务，停发工资。被戴上"大右派"高帽子的艾青被放逐出北京。

面对这种残酷荒唐的定罪，艾青实在想不通，他常常问高瑛，自己哪里错了，为什么连最基本的良知和正气都成了罪过？他说："我一生不争权，不夺利，不整人，不害人，不搞阴谋诡计，不加帮入伙，不懂世故，不识时务。""我的作品证明了我的一生。我的经历很清楚。日本打进中国，我在巴黎待不住了，国难当头，匹夫有责，我回国了，参加了左翼美联，因为进步，反蒋，被捕入狱，一蹲就是几年。在狱中我写了一批评价很高的诗歌，《大堰河——我的保姆》就是在监狱里写的。出狱后，为了生存，东奔西跑，到了重庆，周恩来找我谈话，欢迎我去延安，我接受了他的建议。北京解放，我是军代表进城。像我这样的作家，为什么非要把我推到坏人堆里当成革命对象批判？"

的确，艾青的过去就是这么清白，他一生没有做过任何愧对人民的事，他的作品就是最好的证明。九一八事变的时候，他身在巴黎，为了生活，他在街头画画。路过的人对他说："中国人，你的国家快灭亡了，你还在这里画画。"说完扬声大笑地离去。艾青听到这样的话，毅然放弃海外难得的求学机会回国，残酷的监狱无情地折断了他的画笔，却捆不住他那颗为民请命的诗心。艾青的诗就像冬日的古松，虽然在茫茫白雪中显得那么孤独，却越发衬托出它的苍劲，像熊熊烈火一样点燃世间冷漠而彷徨的心。他的诗中有着大爱，在他被关押的岁月里，他用那颗饱受人间疾苦的心写出了《透明的夜》《芦笛》《大堰河——我的保姆》，出狱以后，他继续为人民的幸福奔走，在烽火连三月的时节写下了《雪落在中国大地上》《北方》《乞丐》《死地》《手推车》《献给乡村的诗》以及《复活的土地》《吹号者》《黎明的通知》等。

就是这么一个对革命付出自己全部身心的文人，却饱受迫害和摧残，不知道艾青是靠什么才得以在那样黑暗的岁月挺过来的。

人物简介

艾青（1910—1996），原名蒋海澄，浙江省金华人。中国现代诗人。艾青被认为是中国现代诗的代表诗人之一。主要作品有《大堰河——我的保姆》《艾青诗选》等。

拓展阅读

《大堰河——我的保姆》（节选）

艾 青

大堰河，是我的保姆。
她的名字就是生她的村庄的名字，
她是童养媳，
大堰河，是我的保姆。

我是地主的儿子，
也是吃了大堰河的奶而长大了的
大堰河的儿子。

大堰河以养育我而养育她的家，
而我，是吃了你的奶而被养育了的，
大堰河啊，我的保姆。

大堰河，今天我看到雪使我想起了你：
你的被雪压着的草盖的坟墓，
你的关闭了的故居檐头的枯死的瓦菲，
你的被典押了的一丈平方的园地，
你的门前的长了青苔的石椅，
大堰河，今天我看到雪使我想起了你。

你用你厚大的手掌把我抱在怀里，抚摸我；
在你搭好了灶火之后，
在你拍去了围裙上的炭灰之后，
在你尝到饭已煮熟了之后，
在你把乌黑的酱碗放到乌黑的桌子上之后，
你补好了儿子们的为山腰的荆棘扯破的衣服之后，
在你把小儿被柴刀砍伤了的手包好之后，
在你把夫儿们的衬衣上的虱子一颗颗的掐死之后，
在你拿起了今天的第一颗鸡蛋之后，
你用你厚大的手掌把我抱在怀里，抚摸我。

我是地主的儿子，
我被生我的父母领回到自己的家里。
啊，大堰河，你为什么要哭？

目标课文六：我用残损的手掌

狱中题壁的戴望舒

1937 年抗日战争全面爆发，戴望舒用自己的笔头和敌人的大炮做最后的抗争。面对敌人，他变成一位革命的斗士。1939 年元旦，他写出了《元日祝福》："新的年岁带给我们新的力量。祝福我们的人民，艰苦的人民，英勇的人民，苦难会带来自由解放。"这首诗表现了戴望舒诚挚的爱国主义情怀，同时也抒发了诗人对人民斗争的那份坚定和乐观的态度。1942 年，日本侵略军大肆捕杀我国的爱国文人志士，戴望舒也在这一年被捕入狱了。他入狱之后，更加体会到了国难当头，国家和自己都到了最紧要的关头，这种危机感让他觉得自己和国家的命运交汇在一起了。在狱中，戴望舒的诗歌风格有了新的变化。比如《狱中题壁》，戴望舒一改以前的抒情，仿佛自己明日就可以为国家存亡奔赴战场，慷慨赴义的勇气和信心于不经意间流露出来。

戴望舒曾经在香港《星座日报》担任旗下副刊《星座》的主编。也正是在这段时间，他拥有了自己庞大的作者资源，他在副刊里编发了大量充满激情的关于抗日战争题材的诗文。不久后，日本占领了香港，有一天戴望舒去看望香港大学的马鉴教授，谁知道马教授家已经被日本特务监视起来，戴望舒回家途中，便被捕关入域多利监狱。

被捕入狱的戴望舒受尽折磨，身体和心理都受到极大的伤害。但是他仍然没有屈服，支撑起残破不堪的身体，用伤痕累累的手写下了《狱中题壁》："如果我死在这里，朋友啊，不要悲伤，我会永远地生存在你们的心上，你们之中的一个死了，在日本占领的牢里，他怀着的深深仇恨，你们应该永远地记忆。当你们回来，从泥土掘起他伤损的肢体，用你们胜利的欢呼把他的灵魂高高扬起。然后把他的白骨放在山峰，曝着太阳，沐着飘风：在那暗黑潮湿的土牢里，这曾是他唯一的美梦。"

在戴望舒的身上，我们能够看出那个年代抗日文人特有的民族气节，他们富贵不淫、威武不屈，无论你如何摧残他们的身心，他们仍然坚定坦然地面对敌人，拿出文化人高扬的斗志和敌人做斗争。这是那个时代文人对祖国的大爱。

人物简介

戴望舒（1905—1950），原名戴朝安，又名戴梦鸥，浙江杭县（今杭州）人。中国现代著名诗人，又称"雨巷诗人"，中国现代派象征主义诗人。在上海震旦大学学习期间开始写诗，戴望舒是他的笔名，因《雨巷》一诗成名。后赴法国留学，精通法语、西班牙语和俄语等欧洲语言，首次将西班牙诗人洛尔卡的作品翻成中文。戴望舒回国后与卞之琳、冯至等参与创办《新诗》月刊。抗战爆发后，在香港主编《大公报》和《星岛日报》副刊。1941 年底被捕入狱。在狱中写下了《狱中题壁》《我用残损的手掌》等诗篇。代表作有《雨巷》《寻梦者》《单恋者》《烦忧》等，诗集《望舒草》《灾难的岁月》等。1950 年病逝于北京。

🔖**拓展阅读**

游子谣

戴望舒

海上微风起来的时候，
暗水上开遍青色的蔷薇。
——游子的家园呢？

篱门是蜘蛛的家，
土墙是薜荔的家，
枝繁叶茂的果树是鸟雀的家。

游子却连乡愁也没有，
他沉浮在鲸鱼海蟒间，
让家园寂寞的花自开自落吧。

因为海上有青色的蔷薇，
游子要萦系他冷落的家园吗？
还有比蔷薇更清丽的旅伴呢。
清丽的小旅伴是更甜蜜的家园，
游子的乡愁在那里徘徊踯躅。
唔，永远沉浮在鲸鱼海蟒间吧。

目标课文七：始终眷恋着自己的祖国

由钱学森的艰难回国路说起

钱学森曾经留学美国，他的导师是世界著名航空学巨匠冯·卡门教授。美国留学期间的学习，钱学森在高速空气动力学和喷气推进领域奠定了夯实的基础。1955 年回国之后，他就再也没有去过美国。美国为了吸引钱学森先生去美国，想尽了一切办法，但是他始终不肯再踏上美国的土地，因为他觉得美国太让他伤心了。

钱学森不肯回美国，并不是美国人民得罪了他，也不是对他的恩师冯·卡门有意见。他是被麦卡锡主义的政治迫害伤了心。当时的美国在麦卡锡主义的影响下，反共排外。对许多共产主义进步人士进行大肆打击。当时的美国海军次长丹·金博尔是个很疯狂的人，他对别人说，我宁愿把钱学森枪毙了，也不愿意让他离开美国。就是在这样的高压下，钱学森才冷了心，一心坚持要回国。

其实不光钱学森，那个年代的中国知识分子，都有着一腔正气。

虽然人在美国，但是钱学森的心早已交付给祖国，他不止一次说道："我的事业在中国，我的成就在中国，我的归宿在中国。"

1955 年，钱学森突破艰难险阻，终于回到了祖国。钱学森与钱伟长合作筹建了中国科学院力学研究所，钱学森担任所长。1956 年初，在钱学森的提议下，中共中央、国务院采纳了钱学森的《建立我国国防航空工业的意见书》，做出了发展导弹事业的长远规划。同一年，导弹、航空科学研究的领导机构——航空工业委员会成立，钱学森担任了航空工业委员会委员。这时候钱学森并没有停止忙碌，而是带领科学家们组建中国第一个火箭、导弹研究机构——国防部第五研究院，并担任了首任院长。这以后，钱学森一心扑在中国火箭、导弹的研究上。

钱学森对中国国防航天事业的杰出贡献，让他被称为"中国航天之父"。这个荣誉对钱学森来说，是当之无愧的。后来的两弹一星都有钱学森的功劳。尽管他先后获得了许多殊荣，但是他仍然淡泊名利，总是说："我作为一名中国的科技工作者，活着的目的就是为人民服务。如果人民最后对我的一生所做的各种工作表示满意的话，那才是最高的奖赏。"这就是一位爱国科学家拥有的宝贵节操。

📚 **素材宝库**

钱学森·经典语录

● 我的事业在中国，我的成就在中国，我的归宿在中国。

● 在美国期间，有人好几次问我存了保险金没有，我说1块美元也不存。因为我是中国人，根本不打算在美国住一辈子。

● 我在美国前三四年是学习，后十几年是工作，所有这一切都在做准备，为了回到祖国后能为人民做点事——因为我是中国人。

● 我作为一名中国的科技工作者，活着的目的就是为人民服务。如果人民最后对我的一生所做的各种工作表示满意的话，那才是最高的奖赏。

拓展阅读

　　2007 年，当钱学森被评为当年"感动中国年度人物"时，评选方给予他的颁奖词是："在他心里，国为重，家为轻，科学最重，名利最轻。5 年归国路，10 年两弹成。他是知识的宝藏，是科学的旗帜，是中华民族知识分子的典范。"这份颁奖词给我们一种厚重感，一种感动。钱学森穿戴与吃饭都很俭朴，54 年只搬过一次家，这些身教直接影响着儿子钱永刚，也感染着我们，由心底生发出尊敬与感叹。

目标课文八：春望

杜甫诗歌中的爱国情怀

　　杜甫的一生历经坎坷和辛酸，但是残酷的生活并没有压倒他，他 7 岁开始作诗，以后的 50 多年里，他创作了 1400 多首诗歌，为人类留下了宝贵的精神财富。杜甫的作品里寄托了他的政治抱负，抒发了对祖国大好河山的无限热爱，表达了他对生活在最底层人民悲惨遭遇的同情，还承载了他对当时黑暗的官场以及贪官污吏的厌恶。

　　青年时期的杜甫，满眼都是祖国的壮丽河山，这个时期生活的窘迫还没有将他心中理想的火焰浇灭。这时候的他怀揣着对未来的无限向往，信心也是满满的，希望通过自己的不懈努力在政治上一展抱负。24 岁的杜甫游历祖国的名山大川，写下了著名的《望岳》，那句气势宏大的"岱宗夫如何，齐鲁青未了"，那句"会当凌绝顶，一览众山小"

让人感受到了诗人雄心勃勃的朝气和抱负。

杜甫并没有一直在游历山河间度过自己的青春时光，为了能中举，杜甫逗留在京城长安整整十年，这十年他经历了太多太多。从最初的献诗做官，到官拜左拾遗，他生命中的黄金年华就这样悄无声息地过去了。但是他并没有在大唐广袤的国土上找到适合自己一展抱负的天地。从此，他便放弃了那些追名逐利的幻想，沉浸在自己的诗歌中，他就仿佛一朵吸满水分的云彩，每到一处都能用诗歌润泽一方。杜甫亲身经历了安史之乱，在长安困居的杜甫面对无限春光的鸟语花香、明媚艳丽，写出了"感时花溅泪，恨别鸟惊心"这样让人伤心断肠的千古绝唱，虽然他的诗句没能阻止历史的车轮缓缓碾碎唐朝的盛世繁华，但是却给后人留下了对那个春日里美景的无限向往。

安史之乱中，他眼睁睁看着这大唐盛世一步一步走向衰败和残破，却无能为力，杜甫内心的苦痛可想而知。据后世人统计，在安史之乱的八年间，杜甫写作超过了300首诗歌。他的这些诗歌仿佛一部安史之乱的编年史，记录了那个特殊年代的人们凄惨的生活现状，为唐朝的未来揪紧了心。

杜甫也有过年少壮志雄心的年代，也有过远大的政治抱负，那时他"致君尧舜上，再使风俗淳"，然而壮志未酬、抱负未展的杜甫最终颠沛流离一生，虽然现实未能成就一位享高官厚禄的杜甫，却成就了一位伟大的诗人，一代"诗圣"。

人物简介

　　杜甫（712—770），字子美，自号少陵野老，巩县（今河南巩义）人。唐朝伟大的现实主义诗人。杜甫忧国忧民，人格高尚，约有1500首诗歌被保留了下来，诗艺精湛的他在中国古典诗歌中的影响非常深远，宋以后被尊为"诗圣"，对历代诗歌创作产生巨大影响。

素材宝库

杜甫·经典诗句

- 读书破万卷，下笔如有神。
- 窗含西岭千秋雪，门泊东吴万里船。
- 朱门酒肉臭，路有冻死骨。
- 露从今夜白，月是故乡明。
- 正是江南好风景，落花时节又逢君。

第七章

名人风采

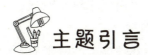 **主题引言**

　　真正的名人是用自身实实在在的行动和成果累积出名气的，他们其实早已经脱离了要寻求他人认可的阶段。

　　不管是平平常常的普通人，还是功成名就、举世闻名的大人物，晚上睡觉所占的地方也不过就是那么几平方米，百年之后，都会化为一堆白骨，谁也看不到当年的风采。既然这样，名人的价值何在？

　　其实关键的问题就在这里，名人用自己的行动让人类生存的这个社会变得更有活力，有冲劲，有不屈不挠的精神，有超越知识层面的情怀和修养，多少诗人曾颂扬过他们的丰功伟绩，多少作家曾描绘过他们高大的身影，多少音乐家曾演奏过他们壮丽的人生乐章。

　　总之，因为名人的所作所为，我们能够更深刻地感受到人之为人的尊严。

目标课文一：邓稼先

邓稼先：为国家放一个"大炮仗"

邓稼先，一个在中国家喻户晓的名字，一个被授予崇高荣誉的功勋科学家，一个为了国家安危而将自身私利置之度外的男子汉。

1950 年，邓稼先在美国获得了博士学位，为了报效祖国，他回到了祖国的怀抱，那时的祖国能给他的物质条件是极其有限的，新中国刚刚成立，一穷二白真的是一个很客观的形容词，一点也没有夸张的成分，即便像邓稼先这样的归国高级知识分子也只能过很低水平的生活，如果他选择留在美国的话，以其资质，可以轻轻松松过上舒适的日子。但是，物质生活的艰苦又有什么关系呢？只要能为祖国尽自己的力，尽快实现国家的富强，所有的困难就不能称之为困难。

1958 年，同为著名科学家的钱三强先生找到邓稼先，交给了他一个绝密的任务——研究制造中国的"大炮仗"，并对他说，这项工作对保密的要求相当高，可能会长期在一些条件十分艰苦的地区工作，他可以考虑不接受这份重任，这些都是没有问题的，但是邓稼先二话不说，十分爽快地将这件事情答应了下来。

作为研究过程中的理论负责人，邓稼先必须比别人担负起更重的担子。在戒备森严的秘密研究机构里，邓稼先夜以继日地进行科技攻关，为了获得更准确的第一手数据，他还经常到风沙漫天的戈壁滩中去做研究。正是因为这种不畏艰险、踏实诚恳的工作态度和工作精神，才会有1964 年中国的第一颗原子弹的成功爆炸，才会有氢弹成功爆炸的世界领先水平。

后来，邓稼先因为工作而患上了癌症，那是因为在一次实验过程中，出现了一些失误，导致了原子弹的破裂，为了尽快找到失败的原因，邓稼先不顾自身安危，直接接触了原子弹的碎片，这是极端危险的一个举动，因为原子弹内的放射性元素很有可能已经泄露，贸然接触，极有可能遭受辐射。

后来的事实也证明了这一点，体检时，医生发现邓稼先已经遭遇了很严重的辐射，直接导致了身体癌变。面对死神下达的通知书，邓稼先并没有显得慌张，只是淡淡地说了一句——这一天终于来了。作为核科学方面的博士，邓稼先何尝不知道放射性元素的危害，但他明白，从自己登上回国渡轮的那一刻起，个人的生死安危早就已经置之度外了。

　　这就是名人，他们做任何事情的出发点从来都不是为了成为名人，邓稼先接受秘密任务之后，就完全从人们的视线中消失了，而且如果原子弹的研究一直不能取得大的突破，邓稼先就很有可能永远也不可能成为名人，但是这些东西根本就不在邓稼先的考量范围之内。

人物简介

　　邓稼先（1924—1986），安徽省怀宁县人，中国物理学家，毕业于西南联合大学，美国普渡大学博士，1950年回到祖国。他参加组织和领导我国核武器的研究、设计工作，是我国核武器理论研究工作的奠基者之一；从原子弹、氢弹原理的突破和试验成功及其武器化，到新的核武器的重大原理突破和研制试验，均做出了重大贡献，被誉为中国的"两弹元勋"，1999 年被中共中央、国务院、中央军委追授"两弹一星"功勋奖章。

🔦拓展阅读

邓稼先是一个非常聪明的人，从 1924 年在安徽怀宁县出生，到获得美国印第安纳州普渡大学研究生院的博士学位，他只用了 26 年的时间，在当时还引起了不小的轰动，世人称他为"娃娃博士"。

当然这些都和父母的教育有很大关系，因为他的父亲是北大哲学系教授，邓稼先从小受父亲的影响，打下了扎实的中西方文化基础，这些让邓稼先受益一生。

🎓目标课文二：闻一多先生的说和做

闻一多课堂拾趣

20 世纪二三十年代的中国，涌现出了一大批十分优秀的学者和民主斗士，他们才华横溢，敢想敢干，勇于创新，在当时启迪和影响了整整一代人，闻一多先生就是其中的一个典型代表。

闻一多先生是一位非常受人尊敬和欢迎的老师，这与他渊博的学识、不拘一格的开放式授课方式和对待学问的开明态度有很大的关联。

人们传统的观念中，老师上下课的时间都是有严格规定的，这样的方式看来很严谨也很理性。但是闻一多却没有按照这样的方式进行授课，他根据自己的喜好，将上课时间调整到晚饭后，上课之前，他还会跟学生们开一个小小的玩笑——拿出一包烟，问学生们，谁要来一根儿，大家没反应的话，他会自己点燃一根烟，然后开始讲课。

在授课时间的控制上，闻一多先生也和其他很多老师不一样，他不会在乎时间超过了多少，该休息了还是该怎么样了，只要自己讲得到位，学生听得投入，有继续下去的渴望，他就会在漫漫的月光之下一直讲下去，直到学生们没有问题可问为止。当然，如果碰到一些比较棘手、他自己也没有什么把握回答的问题，闻一多先生会大大方方地承认自己被这个问题给难住了，需要回去再查查资料，研究研究才能得出结论，并且会向学生们做出郑重的回答承诺。

和现在大多数老师的考核标准不一样，闻一多先生检验学生学习状况的方法不是试卷问答，而是要求学生写一篇读书笔记。

从批阅读书笔记的过程中，闻一多先生发现了一个后来在中国文坛上也很有名气的散文大家——汪曾祺，因为他的思维比较开阔，不受条条框框的限制，写出来的东西总能给人眼前一亮的感觉。闻一多先生很喜欢学生们这种不一样的创意。

闻一多先生写字有一特点，爱用秃笔。别人用过的废笔，他都收集起来，秃笔写篆楷蝇头小字，真是一个功夫。

看来，闻一多先生的成功，全在"功夫"二字！

素材宝库

闻一多·经典语录

● 对奴隶，我们只当同情，对有反抗性的奴隶，尤当尊敬。

● 尽可能多创造快乐去填满时间，哪可活活缚着时间来陪着快乐？

● 书要读懂，先求不懂。

● 诗人最主要的天赋是爱，爱他的祖国，爱他的人民。

● 人家说了再做，我是做了再说，人家说了也不一定做，我是做了也不一定说。

● 我爱中国固因它是我的祖国，而尤因它是那种可敬爱的文化的国家。

● 个人之于社会等于身体的细胞，要一个人身体健全，不用说必须每个细胞都健全。

拓展阅读

　　闻一多先生是一个诗意很浓的人，但凡诗意很浓的人，都有一个特点，就是特别容易对自己喜欢的东西痴迷上瘾，闻一多先生就在这一点上闹出过很大的笑话。

　　他平素十分喜欢看书，看书的时候又很容易沉迷进去，对周边的环境和事物全然不知。这样的情况居然在他结婚的时候发生了。大家在外面忙得热火朝天，而他却被一本书吸引了，悄悄地躲起来看书。要举行仪式的时候，大家才发现新郎官不见了，经过好一番寻找，才发现痴痴看书的闻一多，真是让大家又气又笑。

目标课文三：音乐巨人贝多芬

英雄的贝多芬

"我一定要扼住命运的咽喉。"这句话可能是贝多芬除音乐作品之外最广为人知的一句了。他用自己一生的经历完美地诠释了这句话的真正内涵。

贝多芬是人类历史上最伟大的音乐家之一，这一点没有任何人会怀疑，因为谁也不能想到，一个长期受耳疾困扰，甚至听不到任何声音的人居然创造出了极为震撼人心的音乐作品，如果要说世界上有奇迹的话，这就是奇迹。

贝多芬的一生，大部分时间都花在了和自己的耳疾做斗争上，从他 28 岁患病到 57 岁离开人世，贝多芬在这二十多年的煎熬中创作出了一部又一部让人灵魂为之震颤的乐章。《第九交响曲》《第五交响曲》等名作现在都无人能超越。

说到贝多芬，就不得不提到稍早于他的另一个音乐天才莫扎特，他将音乐在形式和理论上发展到一个别人难以企及的高度，可以说贝多芬也只能甘拜下风。但是，贝多芬因为身体的疾病，完全开启了另外一条音乐之路，在这条路上，技巧处于次要的位置，更核心的是用灵魂创造的音乐本身，他把所有的苦难和人类的悲剧性融入跳动的音符中。从这一点上讲，贝多芬无疑是胜利者，因为他完全把自己投入到了和命运真实的斗争过程中，这个时候音乐创作已经和生活完全融为了一体，你中有我，我中有你，音乐既能帮助他提升对抗命运不幸的信心，又能让他找到一个可供灵魂休憩的港湾。

就贝多芬个人而言，耳疾给他的命运带来极为深重的灾难，但是换一个角度来看的话，如果没有这些苦难，我们现在也许就不能听到这些发自灵魂的控诉和搏击了。很多时候人生就是这样，要在人类的历史长河中留下浓墨重彩的一笔，往往就必须承担起常人难以承担的痛苦，它们就像河蚌身体里的沙子一样，经受长期的苦痛，慢慢地变成耀眼夺目的珍珠。

不管从什么角度讲，贝多芬都是一个伟大的人，一个铁骨铮铮的英雄，过去是，现在是，未来也将会是。

人物简介

贝多芬（1770—1827），德国作曲家、钢琴家。出身科隆选侯宫廷歌手世家，自幼从父学习音乐。维也纳古典乐派代表人物之一。他一共创作了9部交响曲、32首钢琴奏鸣曲、10部小提琴奏鸣曲、16部弦乐四重奏、1部小提琴协奏曲、2部弥撒曲，另外还有大量室内乐、艺术歌曲与舞曲。这些作品对音乐的发展有着深远影响。

拓展阅读

有一天贝多芬去一家饭馆吃饭。点了菜后，他突然来了灵感，便顺手在餐桌上的菜谱背面作起曲来。没过多久，贝多芬就完全沉浸在美妙的旋律当中了。餐厅的侍者看到贝多芬那么投入，就没有去打扰他。等到贝多芬终于写完了曲子之后，侍者问贝多芬："先生，现在可以上菜了吗？"听了侍者的话，贝多芬赶紧掏出钱来准备结账。侍者看到贝多芬要结账，赶忙说道："先生，您还没有用餐呢！"贝多芬坚定地说道："我确信我已经吃过了。"

贝多芬按照菜单上的定价付了钱之后，拿着写满音符的菜谱心满意足地离开了饭馆。

目标课文四：孙权劝学

孙权巧妙分摊压力

《三国演义》中有一个十分有意思的现象，不知道大家注意到了没有，书中的重头戏魏蜀吴三分天下，其中的蜀国和魏国都有很多表现的机会，如蜀国的刘备是汉室宗亲，经历了很长一段时间跌宕起伏的成事过程，也上演了很多故事，手下又有诸葛亮、关羽、张飞、赵云等知名度极高的人物，一直都比较热闹。而魏国实力最为强大，领头的曹操又是少有的乱世枭雄，挟天子以令诸侯，自然戏份也不会少，只有吴国看起来很有一些拉来凑数的感觉，而实际上吴国的孙权却是三位领袖中过得最舒服、管理国家最为精明的一个。

虽然孙权没有什么上阵杀敌露脸的机会，但他确实做好了一国之主需要做好的三件事情——恩压、信压、弹压。

话说当时东吴大将吕蒙患了重疾，孙权当即把他接到了自己的宫殿中进行治疗，同时广发告示，遍寻天下名医为吕蒙治病，天天探望自不必说，为了更及时地了解吕蒙的身体状态，孙权特意命人将宫墙

凿开一个洞，以便能随时观察他的病情，以便提供相应的服务。在这样无微不至的照顾之下，吕蒙伤病好了之后，还会对孙权有二心吗？战场上拼杀之时，能不尽全力吗？你对我好，我也要对你好，正常人都会有这样的心理，用现代心理学的观点来说就是爱与被爱的良性互动。这就是恩压，通过对重点人物的大力恩惠，让他对自己死心塌地，忠心不二。

在决定东吴命运的一场重要战役过程中，有人向孙权举报，诸葛亮的哥哥诸葛瑾有通敌的嫌疑，但是孙权马上展现出了一位国主的判断力和魄力，直接把话顶了回去，他说自己和诸葛瑾之间的关系十分要好，且相交多年，无论是谁想要离间他们之间的关系都是不可能的。在派自己的大将军陆逊出征之时，孙权更是将自己的大印又刻了一个给他，给予陆逊绝对的信任，让他可以完全放开手脚，实施自己的战略规划和战术要求。从这些事情都可以看出，孙权对信压的运用几乎已经到了炉火纯青的地步，无数的事实已经证明，信任尤其是绝对的信任往往能够产生让人意想不到的奇迹。

当然，仅仅有前面这种积极的手段还不行，还需要用弹压的方式激发大臣们的活力，让他们不至于变成一滩没有活力、不思进取的死水。在这一点上，张昭应该体会得最为深刻，因为孙权经常用这一招来敲打他，希望他能做出更多有建设性的工作，否则他就得不到自己想要的东西，即便他是东吴国内大士族的代表人物，即便他是众望所归。

可以说，孙权正是因为对这三种方法得心应手的应用，他的日子才能过得比刘备和曹操轻松。反观另外两位的表现，却各有不大不小的缺陷，曹操对属下之人极为强势，很难绝对信任自己的下属，而刘备性格中优柔寡断的成分太重，对属下虽然信任有加，但鞭策和监督远远不够。这些问题都实实在在地存在，也自然会对他们造成很大的损失。总的来看，吴国在三国鼎立时期的表现，几乎没有什么大的损失，这不能不说是一个奇迹。

人物简介

孙权（182—252），字仲谋，祖籍吴郡富春（今浙江富阳）。三国时期吴国的建立者，公元229—252年在位。曾大规模派人航海，加强对夷洲（今台湾）的联系，又设置农官，实行屯田，并在山越地区设立郡县，促进江南土地开发。在位期间赋役繁重，刑罚残酷，人民不断起义反抗。

拓展阅读

孙权的神奇身世

其实，说起来孙权还是有一些能够拿出来说道的传奇经历的，只是一向比较低调的他没有展现出来而已。传说，孙权的母亲在其出生之前，梦见了黄龙进入身体，孙权出生时的表现也没有让人失望，不但形貌不同于常人——拥有一双碧绿色的眼睛，同时还有比较特别的光线产生。

目标课文五：列夫·托尔斯泰

列夫·托尔斯泰：自己动手制作一盏灯

托尔斯泰为后人留下了太多可供谈论和分析的事迹，精神活动和体力活动的价值就是其中比较重要的一项内容。

众所周知，托尔斯泰是一名有着自己庄园的大地主，从世俗的财富角度上讲，他怎么都算得上是一个贵族，但托尔斯泰十分反感这个称谓，他多次表示，这样的生活是寄生虫的生活，是没有价值和意义的生活。

托尔斯泰用自己的实际行动来告诉别人自己行动的决定和勇气，因此在国家废除农奴制之前，托尔斯泰就在自己的土地上先行解放了自己的农奴。不仅如此，他还要摆脱衣来伸手、饭来张口的习惯，让自己投身自给自足的体力劳动中去，因为他认为只有那样，人的存在才是纯洁的、有价值的。经过一段时间的学习，托尔斯泰成了一个干农活的行家里手，犁地、播种一样不落地学了下去。

后来，托尔斯泰用榔头、钳子、钢锯、锉刀等工具做了一双十分精美的高腰牛皮靴，并把它送给了自己的大女婿苏霍京。苏霍京受宠若惊，将这双鞋子和托尔斯泰之前出版的 12 卷作品放在一起，并贴上了 13 号作品的标签。托尔斯泰得知自己女婿的所作所为后，十分高兴，到处向人宣扬说那是自己最为得意的作品。

这位欧洲大文豪终生都在追求一种自食其力的生活，虽然他写出了一部又一部传世的文学作品，这一点却从未改变过。托尔斯泰需要的似乎只是一种最本真的生活罢了，和任何关于贵族的事件无缘，他坚信"只有劳动中才包含着真正的幸福"。

托尔斯泰对子女的教育也很有特点，他很早就教自己的孩子们学习阅读写作，并且还创造性地发明了一个托尔斯泰灯，把全家人都聚在一起，每天按时和家人一起围拢在灯下，共同享受阅读带来的快乐。这一方法带给大家的影响极为深刻，即便托尔斯泰不在家里，大家也会自觉地到灯下进行阅读，因为那种感觉实在是太棒了。

这就是托尔斯泰的生活，一个能从 12 岁开始记日记一直记到 82 岁且从不间断的托尔斯泰，一个对劳动人民有着深厚感情的托尔斯泰，一个自食其力的托尔斯泰。

人物简介

托尔斯泰（1828—1910），是 19 世纪末 20 世纪初俄国最伟大的文学家，代表作有长篇小说《战争与和平》《安娜·卡列尼娜》《复活》，以及自传体三部曲《童年》《少年》《青年》等。托尔斯泰的作品集中反映了当时俄国社会错综复杂的社会现实，表达了一个富有正义感的贵族知识分子在寻求新生活中的清醒与软弱、奋斗与彷徨、呼喊与苦闷；他以自己一生的辛勤创作，登上了当时欧洲批判现实主义文学的高峰，被公认为全世界的文学泰斗，被列宁称颂为具有"最清醒的现实主义"的"天才艺术家"和"俄国革命的镜子"。

拓展阅读

列夫·托尔斯泰的读书法

终身都对阅读有着深厚感情的托尔斯泰先生在长期的阅读体验中总结出了一套自己的读书方法，在这里和大家分享一下。

1. 通过各种形式的方法来总结和归纳自己的读书经历，以便加深阅读的印象。托尔斯泰采取的就是定期整理书单的方法，将书单里的书分成印象深、印象很深、印象极深三个不同层级，用这种方式进行总结。

2. 托尔斯泰曾经在自己的日记中提到过这样一段话："读书，尤其读纯文学的书——要把主要的注意力放在该作品中所表现的作者的性格上。"由此可见，他十分注意通过文章去发现作者的性格。

3. 通过朗诵文章的方式进一步走入作品之中，从中发现更为广阔的天地。

目标课文六：纪念白求恩

性情中人白求恩

我国人民的好朋友，著名的国际共产主义战士白求恩先生是一个十分有个性的人，只不过他的个性不是体现在自己的生活上，而是体现在他对工作极度负责上面。

在中国救死扶伤的几年时间里，白求恩先生发了好几次脾气，咱们就来细说一下这几次发脾气的前因后果。

1938年初，白求恩先生辗转来到了延安，当时，党组织考虑到他初来乍到，对当地各方面的情况都还不太熟悉，可能在应对一些复杂情况时会很麻烦，所以就让白求恩先生先在后方休整一段时间，等时机成熟之后，再派他上前线救治伤员。可是，白求恩先生对这一点相当不理解，他认为自己来到中国就是为了在前线救死扶伤，如果一直待在离战场很远的地方，那还对得起"军医"这两个字吗？所以，有一天实在想不通的白求恩开始砸窑洞以示反抗。这一下子可把事情给闹大了，大家都过来向他解释暂时不让他上前线的原因，可他根本就听不进去，即便毛主席来了，他还是强烈要求上前线去救死扶伤。由此可见，白求恩先生的倔脾气只要一上来还真没有人能够挡得住。

白求恩先生第二次展现自己强烈的个性和当时延安地区特殊的时代背景有关。那个时候，全国抗战正酣，日本人不断地加强对中国资源的掠夺和封锁，当时的党中央所在地也遭遇了很严重的封锁情况，物质极度短缺。但是为了照顾国际志愿人员的身体健康状况，组织上还是通过各种方式保证了白求恩先生每周能吃上一次肉或者鸡蛋，每天能够吃上三碗小米饭的基本供给。后来，白求恩先生发现包括任弼时在内的中央领导都要经常为能吃一些青菜而头疼的情况后，他坐不住了，强烈要求组织上取消对他的特殊关照，他要和大家一样，共渡难关。但当时考虑到白求恩同志身份的特殊性，组织上没有答应他的要求，于是他的个性又再次展现了出来，他强烈要求组织上必须取消对他的特殊照顾，否则他就会很不高兴，就这样，组织上不得不取消了他的特殊待遇。

第三次个性爆发是在前线简易的医疗室里。当时，他正在为伤员做手术，但是外面的炮火越来越猛烈，这个地方也越来越危险，为了确保白求恩同志的安全，需要立即进行转移，可是正在手术关键节点上的白求恩哪里肯离开自己的伤员，他对身边不断劝他离开的人大声怒吼："这是哪个白痴的命令？我们走了伤员怎么办？不能走，在手术做完之前不能走。"

其实，这几次发脾气只是流传比较广的事迹，工作中，一丝不苟的白求恩先生更是经常发脾气，因为他知道，自己发的脾气越多，就有可能挽救更多的伤员的生命，他从来都对事不对人，错了的，就一定要批评，要改，从这些细节中我们不难看出，白求恩先生是一个真正的性情中人。

人物简介

白求恩（1890—1939），加拿大共产党员，国际共产主义战士，著名胸外科医师。1916年毕业于多伦多大学医学院，获学士学位。1936年曾为反法西斯的西班牙人民服务。中国抗日战争爆发后，他率领由加拿大人和美国人组成的医疗队到中国解放区，1938年三四月间到达延安，不久又转赴晋察冀边区工作。他对工作极度负责，以精湛的医术为中国的抗日军民服务，为中国人民的解放事业做出了卓越的贡献。

拓展阅读

白求恩先生在中国前线的日子里，曾经和毛泽东同志有多次书信往来，现在回过头来看这些信件，会发现一个更为立体和全面的白求恩。

毛泽东曾经发了一封这样的电报给聂荣臻："请每月付白求恩

一百元。白求恩报告称松岩口医院建设需款，请令该院照其计划执行。同意任白求恩为军区卫生顾问。对其意见、能力完全信任。一切请视伤员需要斟酌办理。"

而白求恩对此的回电则是："我自己不需要钱。因为衣食等一切均已供给。该款若是由加拿大或美国汇给我私人的，请留作烟草费，专供伤员购买烟叶及纸烟之用。"

从这两则电文中我们不难看出，白求恩先生真的是一个一心一意为共产主义伟大事业奋斗不息的人。

目标课文七：周总理，你在哪里

周总理的"三智"之趣

周总理离开我们已经有 30 多个年头了，但他俊朗的音容笑貌，一心为民的胸怀，以及智慧的形象却依然留在我们的心中。

周总理的一生中，留下了许许多多值得称道的故事，在这里，我们选取三个故事来缅怀这位人民的好总理。

1954 年，周恩来代表新中国参加了日内瓦会议，当时为了让世界加深对中国的了解，中方准备了一部《梁山伯与祝英台》的彩色越剧片进行放映。不过中方的工作人员担心语言的差异会导致观众看不懂这部片子，就专门制作了长达 15 页的剧情说明书，准备发放给与会人员，周恩来知道这件事情之后，批评工作人员做事情不讲究方式、方法，说他们"不看对象，对牛弹琴"。当时工作人员感觉非常委屈，

觉得自己并没有做错，写一份有助于大家理解电影剧情的说明有什么错吗？

但后来周总理一句话就让大家恍然大悟了。原来可以直接把这部影片称为中国版的《罗密欧与朱丽叶》，大家自然就能明白了，如果发给他们长长的剧情简介，很多人还是会看不懂的，最后放映的结果也证明了周总理判断的准确性，与会人员看完之后非常感动。由此可见，周总理在处理中西方文化差异方面有着非常卓越的能力。

1960 年，周恩来总理陪同毛泽东主席到湖南省视察情况，他们在工作的间隙来到了湘江边，看着壮阔的大好河山，才思敏捷、文化底蕴深厚的毛主席触景生情，想到了一副绝妙的上联："橘子洲，洲旁舟，舟行洲不行"，其中既有动态描写，又有对汉字语音的巧妙运用，十分有新意，说完之后，毛主席请同行的周总理来对下联。周总理想了一想，用"天心阁，阁中鸽，鸽飞阁不飞"对毛主席的上联，这上下联不仅在格式上对仗工整，而且在内容上还有很好的呼应，两位伟人共同为我们留下了又一段佳话。在这里，也可以从侧面反映出周总理在文学上的修养和快速反应的能力。

周恩来总理在外交场合的幽默是世界闻名的。1971 年，美国国务卿基辛格博士秘密访问中国，拉开了中美之间破冰的序幕，在会面过程中，周恩来用机智的应答和优雅的谈吐赢得了对手的尊敬。

当时，还没有正式进行商谈的时候，基辛格博士突然提出了一个十分意外的问题，原来他受美国科学界人士之托，希望用一种地球上没有的东西来换取一块长沙马王堆汉墓中女尸身边的木炭做科学研究之用，想征求一下总理的意见。

周总理先问了美国准备用什么东西来交换，当得知准确的答案是月球上的泥土时，他说我们国家在很久很久以前，就有一位叫嫦娥的姑娘登上了月球，还在上面的广寒宫长期定居，用这样幽默的方式缓解了谈判开始之前的紧张气氛。

素材宝库

周恩来·名人名言

● 要大家讲真话，首先要领导喜欢听真话，反对说假话。

● 世界上最聪明的人是最老实的人，因为只有老实人才能经得起事实和历史的考验。

● 青年人没有不栽几个跟头的，没有不碰几个钉子的。碰了钉子以后，不要气馁。

● 理想是需要的，是我们前进的方向。现实有了理想的指导才有前途，反过来也必须从现实的努力中才能实现理想。

● 我们的下一代，总是要把自己摆在劳苦大众一起，要能够吃得起苦。因为我们的革命精神，就是从吃苦中得来的。

拓展阅读

周总理妙评京剧

1960 年，周总理在北京新街口总政排演场观看京剧《霸王别姬》。

戏剧刚一开始便是刘邦攻打项羽的情节，大臣们纷纷劝谏项羽，但项羽根本不听。看到这里，周总理说："一人言堂。"剧情继续推进，项羽回到寝宫，面对虞姬的劝谏，他依旧不理不睬，周总理评价道："一家之长。"当剧情发展到项羽孤军被围时，周总理用"一筹莫展"四个字巧妙评价，及至虞姬备酒安慰项羽，周总理又说："一曲挽歌。"最后，虞姬自刎时，周总理说道："一败涂地。"就这样，周总理只用了 20 个字就将《霸王别姬》中项羽失败的全过程给高度概括了，不可不谓精妙之极啊！

目标课文八：《陈毅市长》（选场）

陈毅与对联的故事

仗剑从云，作干城，忠心不易，军声在淮海，遗爱在江南，万庶尽衔哀，回望大好河山，永离赤县；

挥戈挽日，结尊俎，豪气犹存，无愧于平生，有功于天下，九泉应含笑，仁看重新世界，遍树红旗。

1972 年，陈毅元帅因病逝世，结束了其戎马倥偬的一生，这一副挽联是陈毅的好友张伯驹先生所作，精准而简练地总结了这位共产主义战士传奇的一生。

不管是在革命战争年代的战场，还是在和平时代主政一方或者主持新中国的外交工作方面，工作岗位在变，工作内容和环境也在变，陈毅是一个有血有肉的真汉子，这一点从来没有改变过。

将历史拨回到1950年，在纪念鲁迅先生诞辰的茶话会上，陈毅作了一副很有意思的对联：

要打叭儿落水狗，临死也不宽恕，懂得进攻退守，岂仅文坛闯将；

莫作空头文学家，一生最恨帮闲，敢于嬉笑怒骂，不愧思想权威。

这副挽联不仅将"要打叭儿落水狗"和"莫作空头文学家"这两句鲁迅先生的名言融了进去，更是通过这副对联表达了自己的心迹。

而在1959年的成都杜甫草堂，陈毅也留下了自己的墨宝——"新松恨不高千尺；恶竹应须斩万竿"作为自己对钟爱诗人的一种敬仰和怀念。

陈毅的一生，耿直磊落，对国家和人民做出了巨大的贡献，他一生喜欢作对子，现在回过头来看，他每一副对子的后面都有着鲜活的思想和深刻的感悟，带给人一种美的享受。

人物简介

陈毅（1901—1972），字仲弘，四川乐至人，中国共产党优秀党员，久经考验的忠诚的共产主义战士，伟大的无产阶级革命家、政治家、军事家、外交家、诗人；中国人民解放军的创建者和领导者之一，中华人民共和国元帅（十大元帅之一），党和国家的卓越领导人。新中国第一任上海市市长。

拓展阅读

在陈毅元帅的身上，对子有时候也可以成为和百万雄兵对抗的一种武器，1945年在一次国共两党的宴会上，他就用过这种武器。

当时，有一位不怀好意的国民党文人，利用宴会上的热闹气氛，想给共产党一个难堪，他指名道姓要陈毅和他对对子，他给出的上联是：四川重庆成都，然后在那儿等着陈毅这位著名的对子王出丑。

可是他的如意算盘打错了，虽然这个上联出得很巧妙，既包括省名又包括市名，还有一些政治隐喻的成分在其中，但陈毅轻轻松松地就对出了下联：江西瑞金兴国。这样一来，反倒让他颜面扫地，狼狈不堪。陈毅对对子的功力可见一斑。

第八章
民俗文化

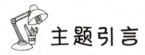 主题引言

　　民俗文化是人民群众情感和信仰的沉淀，是一方土地的血脉和灵魂的载体。随着网络时代的到来，多种多样的娱乐形式逐渐侵蚀丰富多彩的民俗文化，大有取而代之的趋势，具有民族特色的文化开始渐渐退出了历史舞台，被人们遗忘。殊不知，这些文化遗产，是前人遗留给我们的宝贵财富。学习和了解民俗文化，将民俗文化发扬光大，是每一个中国人都应该做的事。民俗文化应该像春日的花朵一样，得以绽放。我们不能忘记一个民族所特有的根和文化！

目标课文一：安塞腰鼓

天下第一鼓——安塞腰鼓

世界上有各种各样的鼓，鼓是一种打击乐器。今天作为乐器的鼓，最初，是战场上用来激励战士们冲锋陷阵的，鼓声响起，就预示着进入战斗。后来鼓开始有了各种用途，比如传递信息、号召人们聚集等。鼓声因声音雄厚激荡的特征，尽现阳刚之美，渐渐成为民间一种乐器，被各族人民所喜爱。

我国陕北流传着一种舞蹈形式，这种舞蹈将鼓完美融合进去，边舞边鼓，这就是——腰鼓。

腰鼓在延安、安塞县、榆林等地区最为盛行，腰鼓是陕西民间舞蹈的代表，以安塞腰鼓最有影响力。

安塞腰鼓距今已经有两千多年历史了，不光在陕北一代非常有名，在全国乃至全世界都是久负盛名的。安塞腰鼓不但出现在民间重大节庆、婚礼嫁娶中，也是祭祀、庙会等重大民间活动中必不可少的表演项目。传统安塞腰鼓可不是像我们想的那样，哪一天兴致来了，约三五个好友背上腰鼓，就可以来一段。每到春节的时候，要先"谒庙"，然后才是"沿门子"，"沿门子"完了之后，还有一系列的活动，最后才是腰鼓表演。

所谓"谒庙"，是指在活动开始前，由乡亲们推举出的一位德高望重的人组织的祭祀活动。舞队中有个领舞者，叫"伞头儿"，祭祀活动开始，在伞头儿的带领下，敲锣打鼓，吹起欢快的唢呐，抬着整猪整羊到附近的庙里烧香祷告，众乡亲推举出来的代表要代表乡亲们向神佛祈祷来年风调雨顺、国泰民安，这时候，舞队便在庙里的空地上表演一番。按理说无论是宗庙还是寺庙，都不能喧哗的，但是这个时候舞队的表演是给神仙们看，所以这个过程叫作"娱神"。

"谒庙"结束了，要等到正月初八，才开始下一个流程，就是挨家挨户拜年，称作"沿门子"。腰鼓队一行人热热闹闹，边走边舞边敲击着腰鼓，挨家挨户地串门，祖祖辈辈传下的风俗，认为鼓声可以赶走灾难，为家里带来祥和安宁，保佑人们四季平安。有时候会出现两队腰鼓队迎面遇上的情况，每当这个时候，热闹的场景就发生了——两支腰鼓队可不会轻易给对方让道，他们会相互竞技，争个高下。

于是腰鼓队伍里的鼓手、唢呐手们就会尽情地敲尽情地吹，大伙都卖力地表演自己的技艺。这时候，附近的乡亲们都会赶来观看两支腰鼓队的竞技表演，为自己喜欢的队伍呐喊助威。两支腰鼓队竞技到高潮时，两队的伞头还会出来对歌，伞头的歌声嘹亮，极富地域特色的秦腔，那也是一绝啊。直至有一队败下阵来，才主动让道，让胜利者通过。

安塞腰鼓可以同时有上百人甚至上千人一起表演，场面气势恢宏、磅礴，被称为"天下第一鼓"。

"只有民族的，才是世界的"，安塞腰鼓已经成为中华民族最具代表性的民间艺术活动之一，堪称"中国一绝"。

拓展阅读

还在茹毛饮血的原始社会时，人们在狩猎中通过敲击木头来吓唬猎物，渐渐发展成了后来的鼓。

鼓是一种乐器，从出土文物来看，最早的鼓大约出现在 4500 年前。在古代，人们认为鼓是通天的神器，是人们和天上神仙沟通的工具，是作为祭祀的器具而存在的。后来被人们运用到征战活动中，直到周代，鼓才被当作一种乐器。古文献中说，在琴瑟开始弹奏之前，要先用鼓作为乐曲开始的引导，可见鼓在人们心中的地位是其他乐器所不能替代的。

自古以来，鼓都被当作一种阳刚之美的象征，和琴瑟的柔美形成鲜明的比对。

素材宝库

鼓·诗词积累

● 半卷红旗临易水，霜重鼓寒声不起。　　——李贺《雁门太守行》

● 鼓坎坎，角呜呜，四鼓欲尽五鼓初，老眼不寐如鳏鱼，抚枕起坐涕泗濡。　　　　　　　　　　——陆游《闻鼓角感怀》

● 鼓声三下红旗开，两龙跃出浮水来。　　——张建封《竞渡歌》

● 楼头四鼓五鼓急，阁上犹闻人诵经。　　——释德葵《精进阁》

● 石鼓高悬蕴大音，白云峰顶始铺金。能来斯地鼓斯鼓，尽达曹溪圣祖心。　　　　　　　　　　　　——许坚《战兵山》

目标课文二：竹影

丰子恺的古诗新画

丰子恺是我国著名的漫画家，其匠心独运、别出一格的绘画风格给人们带来了一种全新的艺术享受。下面我们就来全面地了解一下丰子恺先生作品的艺术风格和演变路径。

总的来说，丰子恺的美术作品呈现出一种诗画合一的气息，但这种诗画合一又与传统作品有很大的不同，按照丰子恺先生自己的说法，这一类艺术作品是融合借鉴了东西方文化的结晶，因为他最开始一直是学西洋画的，后来慢慢发现，中国画的线条和色彩也非常有意思。于是他就结合这些特点，别出心裁地走出了一条美术新路。

具体而言，丰子恺先生的绘画作品经历了很长一段时间的发展，可以大体分为四个阶段：第一个阶段最为纯粹，就是根据古诗来构图作画，第二个时期是描绘儿童时期的各种形象，第三个时期将关注的焦点转移到了社会万象，第四个时期则回归了大自然。不过，就丰子恺先生自身的感受来说，古诗作画的感觉最为奇妙，价值也最大。

说到古诗作画，大家自然会想，这是一种什么样的绘画方式呢？

根据丰子恺先生自己的介绍，他认为古诗作画有三点需要特别注意。一是不要想着把一首古诗所有的东西都表现出来，譬如李白的《静夜思》，在作画的时候就没有必要将四句诗所表达的意思都囊括进去，只需要选择其中的一句，如"床前明月光"来构思就比较好。第二个要点是将现代形象和古代场景融合起来，有一种小小的穿越感觉，从而提升作品的张力。第三个要点是选取那些在诗之外的意蕴。丰子恺先生自己曾经举过一个例子来说明这个问题，就以表现"杨柳岸，晓风残月"来说吧，不是直接在纸上机械地画出杨柳、河岸、残月，其实可以在清风上大做文章。

总之，丰子恺先生的这种全新的艺术风格，已经成就了许多获得市场认可的艺术品，而且影响力越来越大，人们也越来越青睐这种有一股说不出来什么味道的画作。不过有些遗憾的是，虽然越来越多的人关注这种绘画风格，学习这种创作方式，但几乎没有人能真正地摸清门道，如果这个问题不能得到很好的解决，那么由丰子恺先生开创的风格就只能由他带到另外一个世界中去了。显然，大家都不想看到这样的情况出现，丰子恺先生自己更不愿意看到。近年来，丰子恺作品的解读书籍不断推出，以期帮助更多的人早日找到学习这种风格的路径。

如果说这种全新诗画很难的话，那么一定是难在关键的构思和创意上，而非具体的笔法和技巧，因为这确实对人们的想象力和空间跳跃嫁接能力提出了极高的挑战。你可以把它理解为带着镣铐跳舞，也可以理解为在一个完全没有边界的空间中纵横驰骋，如何精准地把握，是其中的关键所在。

我们都不希望"丰子恺漫画"成为昙花一现的绝唱。希望喜欢丰子恺古诗新画的读者在读画的时候能够产生兴趣并获得一些知识，也希望有心学习"子恺漫画"的人们能够真正体会到其中的精髓，让这种艺术形式得以广泛传承。

探究乐园

中国画是一种完全有别于西方绘画传统的艺术体系，其中的基本语言形式就是笔墨，它们构成了国画的精髓。在西方美术理论大举进入中国的时候，我们不应该忘记内蕴深刻的国画系统。要继承和创新这个历史悠久的系统，就不得不提到笔墨的问题。

笔墨是什么东西？它是我们日常生活中用到的毛笔和墨汁吗？说它是，只是因为它的工具性价值；说它不是，是因为笔墨还有更为深刻的内涵等着人们去开拓。笔墨其实也可指一种气韵和风骨，有什么样的气韵和风骨，最终的作品中就会呈现出怎样的姿态，历来的书画大家强调风骨就是这个道理。

拓展阅读

丰子恺先生在艺术和文学上的造诣大家都很清楚，作品摆在那儿，没有人会去怀疑。但有一次，丰子恺先生的大作却被一个农民批评了一番，最重要的是丰子恺先生最后也觉得应该好好地批评自己，这到底是怎么回事呢？

原来，有一天丰子恺先生突发灵感，画了一幅简单的市井漫画：一个农民将两只湖羊牵到羊肉馆去卖。他认为自己的这件作品很完美，就有了让大家鉴赏、品评一番的想法。来到店里之后，一位农民发出了颇为轻蔑的笑声，这对丰子恺可是一个不小的打击，他走过去问那人为何摇头发笑，那人回答说这画画得不对，湖羊不管有多少只，只要把头羊牵走了就行了，后面的根本不用牵。这个时候，丰子恺才明白，自己画画的时候有些想当然了，没有尊重常识。

目标课文三：观舞记

优美的印度曼尼普利舞

印度的曼尼普利舞是一种十分重要的文化形式，这种舞蹈已经有很长的历史了，它因发源于曼尼普尔地区而得名。

不过我们如果从传说的角度来看这种传统舞蹈的诞

生，则要有意思得多，话说湿婆神和雪山神女共同创造了神奇的曼尼普利舞，可是当时的场地条件很差，不适合跳舞，于是湿婆神发起神威，用手中的三叉戟平整土地，开沟排水，最后就形成了曼尼普尔地区，并且在这里和雪山神女跳起了第一支拉伊哈罗巴舞（发展到后来就是曼尼普利舞）。

现在，这种舞蹈已经有了各种各样的分支，具体来说有以下这些比较著名的：与颂神有关的班格·贾兰恩舞（快步舞）、格拉达尔·贾兰恩舞（击掌舞）、表现克里希纳（黑天神）童年生活的拉卡尔舞（伙伴舞）、泼水节时跳的塔巴尔·金格比舞（月光舞）等。这些舞蹈有一个共同的特点就是：拉塔和克里希纳总是舞蹈的主角，他们表现的内容主要是年轻男女之间相互吸引的爱情故事。

知识卡片

印度舞历史悠久，对印度人来说，舞蹈不仅是艺术，更有宗教的含意。印度舞源自对神无比虔诚洁净无私的爱，舞者藉由手指、手臂、眼睛、五官、身体表达和诠释宇宙间的万事万物。所以一些印度舞只在庙里表演给神看，印度舞也因此多了一层神秘色彩。

拓展阅读

印度舞节奏明快，一段4分钟的舞蹈大约有50多个动作，包括了手势、眼神、内心所想、面部表情，这种变化万千的姿势可以代表人的七情六欲，甚至可以代表天地山水等自然景物和昼夜等自然现象。

目标课文四：口技

精彩的口技艺术

口技是一种很受观众欢迎的民间艺术形式，它是杂技的一个分支，它用口模仿社会生活和大自然中的声音，让观众聆听那和谐、美妙、动听的音符，从而起到愉悦心灵、健身快乐的目的。

口技在中国有着十分悠久的历史，还记得"鸡鸣狗盗"的那个故事吗？当时一个贵族公子门下收留了大量的门客，他们各有自己的特点。有一天，公子需要紧急出城，但那个时候天还没有亮，根据规定是不能打开城门的，于是就有一位门客学鸡叫，骗开了城门。

到了宋代，口技逐渐成为一种正式的表演形式，以娱乐大众为主要目的。这一时期还诞生了我国第一个以口技为主要表现形式的王牌节目——

《百禽鸣叫》。当时著名的科学家沈括在自己的著作中就明确提出"世人以竹木乐骨之美为叫子，置入口中吹之，能做人言"，可见当时人们对口技的钻研已经到了一个新的阶段。时间越往后推移，口技在人们生活中出现的频率也就越高。

到了明代，口技就和现代人印象中的样子差不多了。宋元时期的戏剧表演过程中，口技更像是现在的双簧，表演者和发声者是两个人。

到了清代时期，口技已经达到了极高的水平，这从蒲松龄的《聊斋》中的一个故事里可以得到极致的体现。一位女性口技演员一个人一张嘴，在一个较为封闭的空间里，演绎了很多人向她求医问药的情形，让人十分震惊。

到了现在，口技这种表演形式已经逐渐淡出了人们的视线，这个倒也还好理解，毕竟京剧、相声、评书等曾经非常有群众基础的艺术表演形式都在走下坡路，相对小众一些的口技慢慢被人遗忘也是很正常的事情了。

说起这些传统艺术衰微的原因，科技的发展一定是比较重要的一个因素。当然，这不是说口技就真的会从日常生活中完全消失，口技还是有它存在的必然理由的，因为人们为了准确描述自己的见闻和感受，通常都会运用到口技的一些基本技巧，如"嘭"的一声。未来口技要想重新焕发生命力，就必须要打开思路，不能仅仅停留在声音的模仿上，要尽量形成情节化的剧情，只要有人愿意去尝试一些创新的形式，口技的将来就还有希望。

知识卡片

口技在我国古代属于百戏中的一种，古代的口技实际上只是一种仿声艺术。表演者用口模仿各种声音，使听的人产生一种身临其境的感觉，是我国文化艺术的宝贵遗产之一。口技之所以能吸引人，主要原因在于它们能够将观众从一个时空带到另外一个时空中去，从这个角度讲，口技和 3D 立体电影有很多类似的地方，通过各种技术手段，达到创建一个新的环境的目标，将不可能转化为可能，化腐朽为神奇。这样的艺术形式必然是我国的宝贵文化遗产。

拓展阅读

著名的口技表演艺术家师彪先生曾经说过，要练成口技的绝活，就要有练武般的精神和意志。他说的这些话都是用自身经历验证过的。从小就爱模仿的师彪从 14 岁那年起，就开始了向本村动物深入学习的过程，他的口技表演也成了这个偏僻小山村的一项重要娱乐活动。过年的时候，师彪还会像明星一样被请到村里的广播室，通过大喇叭为村民们表演口技。后来，憨厚的老父亲觉得这孩子整天学猪叫、牛叫什么的，除了逗人一乐之外，没什么实际用处，而且也上不了台面，就让他不要再学了。但是，师彪没有放弃，最终成为一名大师级的表演艺术家。

目标课文五：端午的鸭蛋

端午节：世界各国的粽子

粽子，是我国端午节必备的应景食品，但你知道吗，世界很多地方都有吃粽子的习惯，只不过他们吃的粽子和我们吃的粽子不同，吃粽子的理由也不同罢了。

首先来看看和我国比较临近的一些国家吃粽子的情况。日本人也喜欢吃粽子，不过日本的粽子和中国的粽子有一些不同，主要体现在制作原料和形状上面，中国粽子的主要原料是糯米，日本粽子的主要原料则是米粉；日本人的粽子是锤子形状的，我国的粽子是椎体形状的。

菲律宾人吃的粽子和中国的差不多，更准确地说是和中国江浙地区的差不多，但菲律宾人吃的粽子是长条形的，而且他们圣诞节才是吃粽子的节日。

缅甸人没有过端午的习俗，但他们也有吃粽子的习惯。缅甸人做的粽子，粽子馅里面会加入香蕉和椰蓉做成的馅料，这样的馅做出来的粽子，味道十分鲜美，估计这也是他们把粽子当成日常食品的重要原因吧。

越南人也过端午节，也在端午节这一天吃粽子，总的来说，和中国没有多大区别。

泰国人吃粽子吃得很精致，他们吃粽子的时间跨度比较大，4月的泼水节要吃，7～9月的雨季也要吃。他们做粽子的时候也非常用心，不但要先用椰汁浸泡糯米，还会把粽子的外形做得像艺术品一样精致。

新加坡人则将粽子做成鸡蛋大小的甜点，会用花汁浸染绿叶，使其在视觉和嗅觉上都让人感觉舒服。新加坡人在客人来访时，都会送花、送粽子之类的。这个国家的人们将对花的痴迷演绎到了极致。

印度尼西亚人的粽子是用一般的粳米做的，不像糯米那样不易消化，印尼人对粽子的馅料十分挑剔，他们做出来的粽子味道也多种多样。

说完了这些近邻，我们再聊一聊那些离我们有些距离的国度的粽子情结吧。

墨西哥的粽子是用玉米面做的，里面包的是辣椒和肉做成的馅料，墨西哥人的这种做法，中国人乍一看，很可能把这误认为是包了一层叶子的包子。

拉美地区也有比较长的食用粽子的历史，只不过拉美人更多情况下是将粽子当成一种带在路上吃的干粮。

在地球上转了一圈之后，大家会发现世界各地的饮食文化有很大的差异，小小的一个粽子，就有那么多种吃法，那么多种做法，真的要再次感叹"一方水土养一方人"啊。

知识卡片

每年农历五月初五为端午节，又称端阳节、午日节、五月节等。端午节是中国汉族人民纪念屈原的传统节日，更有吃粽子，赛龙舟，挂菖蒲、蒿草、艾叶，薰苍术、白芷，喝雄黄酒的习俗。

💡拓展阅读

　　端午节这天吃粽子的习惯并不是从这个节日产生那一天就开始的。最早有记载的端午节这一天要吃的东西是"枭羹"。东汉时期出现了粽子这种食品，到了晋朝，粽子才和端午节建立起联系。即便在那个时候，粽子也不是唯一的候选食物，还有"龟"等食品也在同台竞争，直到人们将粽子和屈原紧紧联系在一起的时候，其地位才得以真正地稳固。

🎓**目标课文六：吆喝**

老北京的胡同叫卖声

　　这斗大的西瓜，船大的块来，远瞧瓢儿啦近瞧块来，沙着你的口儿甜来，这两个大来。

　　吃进嘴里就傻傻愣愣，您爱吃来我爱盛，这桶是雪花酪、那桶是冰激凌。

　　臭豆腐，酱豆腐，王致和的臭豆腐。

　　哎！酸梅汤桂花味，玉泉山的水、东直门的冰，喝到嘴里头凉飕飕，给得又多来，汤儿好喝。

　　磨剪子咧哎，锵菜刀。

　　玫瑰多，桂花多，玫瑰枣儿给得多，桃脯杏脯、玻璃粉，胡子糕咧酸梅汤。

……

如果你是老北京人家的孩子，把上面的这些句子念给爷爷奶奶听，他们一定不会陌生。当然，这些东西对一踏进大街就看到大型商场、超市、专卖店的孩子们来讲，肯定是非常陌生的存在。

现代城市的发展真的是日新月异，甭说挑着小货架沿街叫卖，招呼生意的货郎了，连小商店都越来

越少，城市的发展，也促使了现代零售业的巨变，胡同叫卖声终究已经成为历史。如果你还想去听那正宗的老北京胡同叫卖声，就只能到剧院里去看了，因为老北京城的胡同都快没了，更别说胡同叫卖声了。

胡同叫卖声有很多年的历史，民国时期是发展得最好的时候，那些沿街叫卖的人，为了能够让自己的生意好一些，为了能让自己和家人过上更好的生活，就要比别人做成更多的生意，在那个既没有品牌商标，也没有电子传媒的时代，要想在众多竞争者中脱颖而出，就需要有更多的人知道自己的产品，然后购买，增加产品的销售量。这个时候抑扬顿挫、充满老北京风味，还有一些特别节奏的胡同叫卖声就起了很大的作用。

胡同叫卖声不仅是招揽生意的一种手段，还参与了当地社区的文化建设，成为生活在这一区域中的人们记忆中的一部分。很多作家都对自己小时候听到的胡同叫卖声记忆犹新，还写了许多文字来缅怀那种感觉：

我也走过不少的南北码头，所听到的小贩吆唤声，没有任何一地

能赛过北平的。北平小贩的吆唤声，复杂而谐和，无论其是昼是夜，是寒是暑，都能给予听者一种深刻的印象。

——张恨水

老北京的商贩在吆喝之前都会用手拢住耳朵，对这一标志性动作的成因则众说纷纭。有说是为了拢音，有说是要示意别人吆喝即将开始，免得突然一嗓子吓着了孩子。我不知道这与评剧有无关系，其抑扬顿挫，变化颇多，有的豪放如唱大花脸，有的沉闷如黑头，又有的清脆如生旦，在白昼给浩浩欲沸的市声平添不少情趣，在夜晚又给寂静的夜带来一些凄凉。

——梁实秋

那份留在记忆中的感觉真的很美好！

人物简介

萧乾（1910—1999），原名萧秉乾，生于北京。萧乾先生是有重大国际影响的作家，我国著名作家、记者、翻译家。新中国成立后在《人民中国》《文艺报》等部门工作。1989年任中央文史馆馆长。曾出版400多万字中文著作和多部英文著作，并翻译多部英文著作。他一生曾写下大量的回忆录、小说、散文等文学作品和译作。评论界一致认为，萧乾的作品，真诚坦荡，深邃警醒，读来发人深省，耐人寻味。

💡素材宝库

老北京吆喝集锦

- 卖切糕的吆喝：小枣——切糕！
- 卖瓜子的吆喝：五香——瓜子！
- 卖鲤鱼的吆喝：活鲜——鲤鱼！
- 卖糖三角的吆喝：三角——炸焦！
- 卖驴肉的吆喝：香烂——驴肉！
- 卖饽饽的吆喝：硬面儿——饽饽！
- 卖菜的吆喝：香菜辣蔫椒哇，沟葱嫩芹菜来，扁豆茄子黄瓜、架冬瓜买大海茄、买萝卜、红萝卜、卞萝卜、嫩芽的香椿啊、蒜来好韭菜呀。
- 卖馄饨的吆喝：馄饨喂——开锅！
- 算卦的吆喝：算灵卦！
- 卖糖葫芦的吆喝：葫芦儿——冰塔儿！

🎓 目标课文七：泥人张

天津泥人张

1828 年，天津一个贫寒的家庭里，张明山呱呱坠地。谁能想到他会成为天津艺林中的一位手工艺大师呢？

也许张明山这个名字对大家来说有些陌生，那么我们还是用大家比较熟悉的泥人张来称呼他吧。

泥人张的文化水平不高，只读了三年私塾，但他特别爱钻研和琢磨。从 13 岁干上这个行当起，他就在不断地提升自己的技艺，没有一天停止过，他学习更多的文化知识，提升自己的创作素养，多看、多听、多实践，数十年如一日的磨砺终于让泥人张成为一块金字招牌。

他创作的作品往那儿一摆，就会让人有一种特别的感觉涌上心头，虽然都是一些小玩意儿，但泥人张却做出了大文章。下面就用他的代表作品来说说他的作品的艺术特色吧。

《渔樵问答》中，一个渔夫，一个樵夫，偶然相遇，然后就是问路和指路，一件再简单不过的日常小事，被泥人张刻画得神态逼真，情节生动，饶有趣味，从中可以看出泥人张作品的第一个艺术特点，那就是写实生动。

《二侍女》中，两个宫廷侍女，一个在另一个的耳边说着什么，两人的面部表情则迥然相异，一个眉飞色舞，另一个却是满脸娇羞。看到这组作品的时候，不需要任何的解释，每一个人都能从中联想到一些有意思的事情，这就是泥人张作品的又一个艺术特点——十分擅长运用细节来表现人物的心理活动，进而刻画人物性格。泥人不会开口说话，但他们的表情、动作和神态却能够说话。泥人张将造型艺术发挥到了极致。

不仅如此，泥人张在塑像方面也有很高的造诣，他能在看戏的同时快速捏出戏台上的人物。

泥人张不仅塑虚构人物，替很多名人塑过像。他在人物比例关系、独特气质呈现等方面做得很好，比如为著名教育家严振塑的像，就集中体现了他的严谨和感情深沉的特征，把严振的学者风度、感情深沉、专心致志、静坐读书的神态，刻画得淋漓尽致。所以才有了徐悲鸿认为泥人张可以和世界一流雕塑大师比肩的评价。

除了上文所说的那些成就，泥人张还有一个伟大的贡献：他让原本只能进入达官贵人家中的彩塑艺术品普及到了寻常百姓家，让更多的人领略到了艺术之美。

知识卡片

捏泥人用的材料是含沙量低、无杂质的纯净胶泥，经风化、打浆、过滤、脱水，加以棉絮反复砸揉而成为"熟泥"，这种处理过后的纯净胶泥黏合性很强。辅助材料还有木材、竹藤、铅丝、纸张、绢花等。塑造好的作品应避免阳光直射和置于炉火周围，正确的晾干方法是自然风干。

拓展阅读

张明山是一位十分具有传奇色彩的民间手工艺大师，他不仅改变了整个泥人行业的发展方向，还创造了一个虽然没有在商标局注册但却名闻海外的品牌——泥人张。

在泥人张之前，泥人只能算是一种上不了台面的小装饰品，这些泥人制作粗糙、表情僵硬呆板、缺乏变化、没有艺术张力、色彩也比较单一。经过泥人张的一番带动，整个行业的状态为之一变，他手下的泥人具有了更多的艺术审美价值，自然也赢得了更多人的关注和参与。

目标课文八：对联六副

对联趣谈

对联在中国文化中有着不可撼动的地位，尤其在过年的时候，家家户户贴春联几乎成了一个不成文的规定，而这一习俗可以追溯到五代后蜀主孟昶（chǎng）最早所作的春联——"新年纳余庆，嘉节号长春"。到了宋代，过年贴春联的习俗逐渐取代了挂桃符的习俗。

对联，又称为对子，在我国有着十分悠久的历史，和现在的春联一味强调喜庆祥和讨好彩头不同，以前的对联涵盖的内容范围要广得多，下面我们就来看一看有哪些有意思的对联。

一、诉说社会黑暗的对联

上联：二二三三四四五

下联：六六七七八八九

二、考验人断句的对联

上联：好读书不好读书

下联：好读书不好读书

三、充斥着火药味儿的对联

上联：有口也是呫，无口也是丑，去掉呫边口，加女便成妞。隆中女子生得丑，百里难挑一个妞

下联：有木也是桥，无木也是乔，去掉桥边木，加女便成娇。江东美女数二乔，难保铜雀不锁娇

上联：琴瑟琵琶八大王，王王在上

下联：魑魅魍魉四小鬼，鬼鬼犯边

四、明志的对联

上联：倭寇不除，有何颜面对镜

下联：国仇未报，负此头颅为人

上联：闲人免进贤人进

下联：盗者休来道者来

五、富含哲理的对联

上联：读书好，耕田好，学好便好

下联：创业难，守成难，知难不难

当然这里所列举的对联只是中华对联库中极小的一部分，同学们有时间可以多找一些对联来看，对提高文学修养有极大的帮助。

知识卡片

对联，又称楹联，俗称对子，是写在纸、布上或刻在竹子、木头、柱子上的对偶语句。言简意深，对仗工整，平仄协调，是一字一音的中文语言独特的艺术形式。对联相传起于五代后蜀主孟昶，它是中华民族的文化瑰宝。春节时挂的对联叫春联。

探究乐园

中国的第一副春联据说是后蜀主孟昶在一次心血来潮的比试才华之后诞生的，他在桃符板上写下了"新年纳余庆，嘉节号长春"十个字，而后这位在政治上什么也没有留下的皇帝在中国文化史上反倒留下了自己的印记。不过，现在他留下的文化印记似乎正在遭遇挑战，有人考证，最早的春联应该是"闭门罢庆吊，高卧谢公卿"。这副春联的作者是早于孟昶四百多年的才子刘孝绰，他辞官之后，为了避免之前的同僚在过春节的时候来打扰自己，就贴了这样一副春联。

第九章

名作欣赏

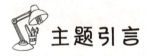 主题引言

前人用他们的智慧给我们创造了许多财富，如故宫、长城、都江堰等物质遗产，又如《论语》《红楼梦》《三国演义》等精神财富。或许有一天物质遗产会消亡在历史的长河里、战争的硝烟中，但是精神财富却会被人们世代传颂。虽然许多文学著作都在历史的洗涤中被淘汰了，但那些魅力超脱时间之外的经典之作还是保留了下来。

这些经典之作被称为名著，是人类文化的精华，而阅读名著，既能帮助我们了解历史，让我们感受前人的智慧，还能帮助我们端正人生态度，明确价值取向。下面就让我们一起去领略名作的魅力吧！

目标课文一：童年

不平凡的一生

高尔基是苏联伟大的文学家。1868年，他出生在伏尔加河畔的一个平凡的家庭里，他的父亲是一个细木匠。不幸的是，高尔基两岁时，父亲就去世了，高尔基只好跟着母亲来到经营小染坊的外祖父家生活。然而，高尔基的生活并没有因此得到好转，外祖父是一个恃强凌弱、酗酒打架的人，因此他的家整日充满了战争。也只有在外祖母的慈爱中，高尔基才能感受到一缕阳光。

高尔基从小聪敏好学，记忆力惊人，六岁就跟着外祖父学会了斯拉夫文字，成绩也一直不错。十岁那年，外祖父经营的小染房倒闭了，高尔基只好辍学。之后高尔基做过鞋工、杂工、洗碗工，饱受辛苦，生活的压力几乎压得他绝望。所幸的是，上帝关上一扇门的同时，给他打开了另一扇窗。高尔基在一艘轮船当洗碗工时，遇到了厨师斯穆雷。斯穆雷十分喜爱阅读，他觉得书籍能为他带来生活的热情和信心。在斯穆雷的影响下，高尔基对读书产生了浓厚的兴趣，并且一发不可收拾。

高尔基如饥似渴地阅读着他能找到的每一本书，甚至是每一个纸条。无论白天的工作多么辛苦，无论受到多少人的白眼和羞辱，只要一读书，高尔基就觉得自己的心灵得到了如外祖母般慈爱的抚慰。书籍打开了他的视野，让他知道，世界上除了肮脏的工作服、繁重的工作、被人嫌弃的白眼之外，还有巨大的希望和情感。"就好像在林深、苔滑、沼洼片片的草地里走了好久，面前骤然展现出一片干爽的平地，鲜花盛开，阳光灿烂。"普希金的诗教会他，身处绝境也不要放弃，阳光终究有一天会普照大地。

"读万卷书，不如行万里路。"从 16 岁开始，高尔基就游历世界。他先后两次游历整个祖国，在游历中他欣赏到祖国的秀丽山河，同时也亲眼见证了生活在最底层的穷苦民众生活的酸甜苦辣。这些经历，在他的脑海中留下了深刻的印迹，在洞穿世人的苦难之后，他用文字将人民最真挚的情感剥落在阳光之下，为众人所见。1892 年，他开始发表作品，开始自己的文学生涯。人间的苦难、生活的辛酸磨炼了高尔基的斗志，对社会底层人民的痛苦生活的体验和深切了解成为他创作中永不枯竭的源泉。

素材宝库

高尔基·经典语录

● 书籍是青年人不可分离的生活伴侣和导师。

● 世界上最快而又最慢，最长而又最短，最平凡而又最珍贵，最易被忽视而又最令人后悔的就是时间。

● 天才是由于对事业的热爱而发展起来的。简直可以说，天才——就其本质而论——只不过是对事业、对工作的热爱而已。

● 如果学习只在模仿，那么我们就不会有科学，也不会有技术。

拓展阅读

高尔基救书

　　高尔基对书的挚爱犹如情人般深情、亲人般真挚。有一次，高尔基的房间失火了，眼看熊熊烈火就要吞噬整个房间。高尔基抱起书就往外跑，对其他东西看都没看一眼。跑到安全地带，放下书之后，他又冲进了火海抢救自己的书籍，差点因此而丧生。他说："书籍一面启示着我的智慧和心灵，一面帮助我在一片烂泥塘里站了起来，如果不是书籍的话，我就要沉没在这片泥塘里，我就要被愚蠢和下流淹死。"

目标课文二：骆驼祥子

老舍怎样写《骆驼祥子》

　　历史上真的有祥子这个人吗？不能说有，也不能说没有。因为世界上并没有一个和小说中的祥子一模一样的人，但他的故事却确有其事。

　　有一次，老舍先生和一位朋友闲聊，朋友说他以前在北平的时候，用过一个车夫，这个车夫如何买了车又卖了车，三起三落之后，还是一贫如洗。听了之后，老舍先生就有要将它写成一部小说的冲动。然后那位朋友又说了一个车夫的故事，说有一个车夫被军队抓了去，但他却趁军队转移的时候，偷走了三匹骆驼。于是老舍先生敏锐地抓住了骆驼和车夫这两个字眼，至于这个车夫叫什么名字，住在哪里，哪里人，他完全不知道。

老舍先生对待写作十分认真，当他决定要写下这个车夫与骆驼的故事之后，他马上找到了齐铁恨先生，想向齐先生打听骆驼的生活习性等事情。经过齐先生的讲述，老舍先生发现，如果要熟悉骆驼的习性单单靠别人描述是不够的，必须要去草原看看真正的骆驼才行。于是他才决定将小说的重心放在车夫的身上。因为车夫到处都是，他可以随时去观察。

但是又一个难题出现了，该怎样去定位主人公祥子呢？为此，老舍先生来到市集，认真地观察车夫：不同的天气，车夫是怎么拉车的；车夫中午吃什么；歇脚的时候，车夫聊些什么……仔细入微的观察之后，老舍先生再细细地把看到的和总结到的车夫分为几种。针对每种车夫不同的特点，先定位好祥子，然后用其他种类的车夫来烘托祥子，这样就更能突出祥子的性格了。接着，老舍先生又将祥子定位为需要租借别人的车的车夫。另外，为了让祥子的生活圈更加真实和生动，老舍先生还决定在小说里加上一些祥子拉过的人。

从春天到夏天，祥子就这样一直停留在老舍先生的脑海里。今天看见车夫的一个有趣举动，老舍先生脑海里的祥子便就多了一个动作；明天又想到一个新的人物，祥子便又会多接触一个新人物。经过长时间的酝酿之后，老舍先生辞去了山东大学的教职，开始提笔写作《骆驼祥子》，于是很快就有了这部表现被侮辱被损害者的奋斗与挣扎的杰出作品。

人物简介

老舍(1899—1966),原名舒庆春,字舍予。满族人,中国现代小说家、剧作家。老舍先生一生著述丰富,非常善于刻画市民阶层的生活和心理,同时也努力表现时代前进的步伐,其文笔生动、幽默,富有浓郁的地方色彩。主要作品有:《骆驼祥子》《四世同堂》《龙须沟》《茶馆》《断魂枪》《我这一辈子》等。

素材宝库

《骆驼祥子》·经典语句

● 钱会把人引进恶劣的社会中去,把高尚的理想撇开,而甘心走入地狱中去。

● 经验是生活的肥料,有什么样的经验便变成什么样的人,在沙漠里养不出牡丹来。

● 那辆车是他的一切挣扎与困苦的总结果与报酬,像身经百战的武士的一颗徽章。

● 最伟大的牺牲是忍辱,最伟大的忍辱是反抗。

● 夜还很黑,空中有些湿冷的雾气,心中更觉得渺茫。

● 夜深了,多日的疲乏,与逃走的惊惧,使他身心全不舒服。

● 希望使他快活,恐惧使他惊惶,他想睡,但睡不着,四肢像散了似的在一些干草上放着,什么响动也没有,只有天上的星伴着自己的心跳。

目标课文三：钢铁是怎样炼成的

尼古拉鲜为人知的身世

在《钢铁是怎样炼成的》里，大家都认为作者尼古拉·奥斯特洛夫斯基是在写他自己的故事，但其实并不完全是。主人公保尔·柯察金出生在一个贫困的工人家庭，尼古拉则出生于一个颇为富裕的军人家庭，父亲是战功赫赫的军人，参加过巴尔干战争，还曾获得格奥尔基十字勋章。尼古拉的母亲则是一位集才情、美貌于一身的女人，她情感细腻，热衷于诗词歌赋，而且心地善良。看起来和谐的一家，却因为父亲是个沉迷牌桌赌博的瘾君子而变得支离破碎。1912 年，父亲输掉了贷款买来的房子。母亲一气之下，带着几个孩子回了老家。为将孩子抚养成人，母亲当过厨娘、裁缝，做过产科医生。她的贤惠与坚韧令尼古拉非常钦佩，他曾经深情地写道："有种美好情感我们终身无法偿还，这便是母爱。"

尼古拉为了减轻母亲的生活压力，12 岁就开始出来工作，在铁路的小卖部当搬运工，一天可以挣 8 个卢布。15 岁时，年少的尼古拉背着行囊像父亲一样奔赴战场，参加了反对波兰白匪军的国内战争。初生牛犊不怕虎的尼古拉两度受伤，有块弹片伤到了他的大脑导致右眼失明。他竟然还能乐观地说："还好，左眼没事。"16 岁的尼古拉不得不因伤离开战场。

　　在小说里，保尔的哥哥并没有一段失败的婚姻，但是现实生活中，尼古拉的哥哥却有。尼古拉的哥哥娶了一位村姑，生育了一个儿子和一个女儿之后，两人便分道扬镳了。小时候尼古拉一直把哥哥当作自己的偶像，但是随着年龄的增加，这种关系却发生了转变。成年之后的哥哥性格优柔寡断，对尼古拉言听计从。尼古拉的妻子赖莎也并不像小说里那样体贴、善良、无微不至地照顾生病的保尔。尼古拉和他的妻子相识时并没有花前月下的浪漫，而且真正在一起的时间只有三年，每次赖莎来看望他的时候，他都十分愧疚和尴尬。他确实曾经在小说里写了自己和妻子的婚姻名存实亡，但由于当局需要尼古拉树立一个形象完美的保尔，所以小说里自然不能出现自己的妻子最后嫁给了哥哥。

　　在尼古拉生命的最后阶段，只有他的母亲和姐姐陪伴在他身边。当时的尼古拉已经全身瘫痪，只有一只右手可以活动。姐姐每天守在他的榻前，照顾他的饮食起居。那时候，只有文学创作才能支撑尼古拉继续生活。尼古拉每天用刻写板写小说，再由母亲和姐姐帮他誊写下来。《钢铁是怎样炼成的》正是尼古拉强忍着病痛，在病榻上历时三年完成的。

人物简介

　　奥斯特洛夫斯基（1904—1936），苏联作家，出生于乌克兰沃伦维里亚村一个贫困的工人家庭，12岁时便开始了充满艰辛的童工生涯。16岁参加国内革命战争，艰苦的斗争使他的健康受到严重损害。1929年，他全身瘫痪，双目失明。1927年底开始创作，但第一部关于科托夫斯基师团的作品的手稿在邮寄时丢失了。奥斯特洛夫斯基以不屈不挠的意志重新开始写作一部以自己亲身经历为素材的长篇小说《钢铁是怎样炼成的》。小说于1933年完成，1934年出版，受到了广大读者的热烈欢迎。

素材宝库

《钢铁是怎样炼成的》·经典语句

●人活着，不应该追求生命的长度，而应该追求生命的质量。

●生命的价值在于不断超越自我。

●天并不都是蓝的，云也并不都是白的，但生命的花朵却永远都是鲜艳的。

●要是一个人不能改掉坏习惯，那他就毫无价值。

目标课文四：美猴王

奇人吴承恩和奇书《西游记》

《西游记》是中国文学四大经典著作之一，几百年来影响着无数人，这本书的作者和这本书一样，富有极其奇幻和传奇的一生。在《西游记》刚刚流行的时候，并没有人认识吴承恩。直到鲁迅先生发表《中国小说史略》之后，这种情况才得以改变，文人学者才相继去挖掘吴承恩以及吴承恩那些具有传奇色彩的故事。

吴承恩，江苏淮安人。淮安是一个风光旖旎、人灵地杰的地方。这里的民间传说、山歌、民歌多如牛毛，灿若星汉。吴承恩的父亲本来是一个文职小官，后来却沦落成一个小商人。在那个年代，商人的地位极其低下。吴承恩的父亲常常被官府吏胥敲诈勒索，吴父认为受人欺凌的原因，就是自己没有做官。所以吴父将自己的希望全部寄托在儿子吴承

恩身上，他期盼着自己的儿子能有朝一日高中，扬眉吐气，光宗耀祖。吴承恩也确实聪慧，从小在父亲的影响下博览群书，文名远扬。《淮安府志》写吴承恩，说他"性敏而多慧，博极群书，为诗文下笔立成"。

从小如此聪慧的一个读书人，将来高中谋得一官半职应该不成问题。可谁知，吴承恩虽然文章妙笔生花，却不擅于科举应试，直到中年才补了一个贡生。吴承恩性格十分倔强，从不肯阿谀奉承，更是十分厌恶那些肮脏的"为官之道"。所以在小说里，吴承恩将现实社会的黑暗和腐朽形容成妖魔鬼怪，而孙悟空，则是斩杀一切黑暗的斗士！

《西游记》里的孙悟空有勇有谋、机智灵敏，还有七十二般变化、筋斗云等盖世神功，是广大人民心目中英雄形象的化身。孙悟空大闹天宫之后，对孙悟空束手无策的玉皇大帝就想用一个小官安抚他（实则是欺骗），任命孙悟空为弼马温，孙悟空得知真相之后，立刻回到自己的花果山，并打出了"齐天大圣"的旗号，和天庭对抗。玉帝派了许多天兵天将都收服不了孙悟空，最后只得任由孙悟空当"齐天大圣"了。

其实吴承恩在孙悟空身上，寄托了他对现实社会黑暗和腐朽的憎恨，吴承恩希望自己能像孙悟空一样打倒封建社会的黑暗和腐朽。

知识卡片

南宋的时候，有《大唐三藏取经诗话》等著作，比这更有名的要数元代杂剧，吴昌龄的《唐三藏西天取经》等，这些都是后来吴承恩创作《西游记》的基础。吴承恩收集了很多民间故事和戏剧话本，经过艰苦的再创作，才完成了这部中国文坛上四大名著之———《西游记》。

拓展阅读

吴承恩在任新野知县的两年中，不仅德绩兼优，对新野的民间艺术研究也颇深。

《西游记》第一回中刻画孙悟空的前身——仙石的形态，就是以新野现存的汉议事台为背景的。仙石的通体三维尺寸与汉议事台的尺寸完全相同，可见吴承恩对新野的人情风貌多么熟悉。

目标课文五：香菱学诗

曹雪芹与《红楼梦》的传说

"黛玉"的由来

《红楼梦》中"心较比干多一窍，病如西子胜三分"的"神仙似的妹妹"林黛玉，被许多人喜爱，那么"黛玉"二字是怎么来的呢？

相传曹雪芹本来家底殷实，后家道中落，尽管搬到了郊区，省吃俭用，但曹雪芹还是买不起纸和墨。有一天他正在奋笔疾书，刚写到精彩处时，没有墨了。恰逢曹雪芹的好朋友高鹗来串门，高鹗告诉曹雪芹，在樱桃沟有一种叫黛石的黑色石头，当地的妇女都会去捡这种石头来画眉毛，而他也曾经用捡来的黛石作过画。曹雪芹听了之后，当即就邀请高鹗和自己一起去樱桃沟捡黛石。两人来到樱桃沟，果然找到了这种黑色的石头，曹雪芹挑挑拣拣选了好多，带回家。曹雪芹把这种黛石磨成粉之后调在水里，真的可以  写字，只是字迹不如墨那么黑。曹雪芹又捡来一些碎墨，掺杂在一起，就能写出清晰的字迹了。从那以后，曹雪芹就不再担心没有墨了。曹雪芹刚开始写《红楼梦》时，主人公并不叫林黛玉，而是在后来的修改中才将她的名字改为林黛玉，以此来感谢黛石对自己写作带来的便利。

《好了歌》原名《神仙调》

《红楼梦》中数次出现了《好了歌》，但凡有癞头和尚和跛足道士出场的地方，他们必定会唱着《好了歌》，最后宝玉出家，拜别贾政时，也是唱着这首《好了歌》。其实，《好了歌》并不是曹雪芹原创的，而是他改编的，原名叫《神仙调》。

乾隆年间，为方便检阅八旗军，皇帝命人在香山脚下修建演武厅。有一天曹雪芹路过这里，见十分热闹，就停下了脚步。曹雪芹仔细一看，原来是工人们在用夯打实地基，他们一边打着夯，一边喊着号子："人人那个都说呀，神仙好哟，我说那个呀，功名那个呀，他忘不了呦，古有多少帝王将呀，死了只有土盖了呦，嗨呦！……"号子声深深地吸引了曹雪芹，他一动不动地站在旁边，直到别人嫌他挡住了工人工作，他才离开。回到家之后，他的脑子里还反复地盘旋着号子的声音，号子朗朗上口又颇有哲理，于是他赶紧拿纸笔将号子记录了下来。第二天一大早，曹雪芹就拿着写了号子的纸去询问昨天领唱的那位老师傅。老师傅告诉曹雪芹，这个号子叫《神仙调》，是祖祖辈辈传下来的很有名气的打夯号子。

后来曹雪芹将《神仙调》改编成了《好了歌》，并将它写进了《红楼梦》里。

知识卡片

《红楼梦》前八十回是曹雪芹所著，现在市面上看到的完整的一百二十回《红楼梦》里的后四十回，普遍上采用高鹗续写的部分。

据说，其实这后四十回也不是高鹗写的，同样也出自曹雪芹之手。相传曹雪芹前后花了十年时间才写成《红楼梦》，同样也经过了数次修改，但是无论怎么改，曹雪芹都觉得后四十回写得不够好，于是他只把前八十回拿去给亲戚朋友看。让他想不到的是，前八十回竟然很快就传开了。但是那后四十回，直到曹雪芹因病离世，也未能改好。

家人在料理后事的时候，发现了很多写满字的废纸，觉得也没用，就准备烧掉。这时候正赶上高鹗来吊唁，他看见后连忙抢过来翻看。令他惊喜不已的是，这堆废纸竟然就是《红楼梦》的后四十回！在一位私塾老师的帮忙下，高鹗修补好了后四十回。高鹗非常喜欢这本书，就拿回家反复翻看，后来便渐渐流传了出去。

不过这个故事只能算是野史，没有证据可考。

素材宝库

《红楼梦》·经典语句

● 满纸荒唐言，一把辛酸泪。都云作者痴，谁解其中味？

● 都道是金玉良姻，俺只念木石前盟。空对着，山中高士晶莹雪，终不忘，世外仙姝寂寞林。叹人间，美中不足今方信：纵然是齐眉举案，到底意难平。

● 偷来梨蕊三分白，借得梅花一缕魂。

● 机关算尽太聪明，反误了卿卿性命。

● 假作真时真亦假，无为有处有还无。

目标课文六：智取生辰纲

施耐庵创作《水浒传》的奇闻轶事

江苏省大丰区境内有一座千年古镇，叫白驹。施耐庵就在这里创作了一代巨作《江湖豪侠传》，后改为《水浒传》。

古时候，和尚住的地方叫作"庵堂"，为了告诫自己要耐得住寂寞，安心守在庵堂，施耐庵在自己的门口挂了一块牌子，上面写着"耐庵"二字。渐渐地学生都叫他耐庵先生，他自己也觉得这个名字很不错，索性把自己的名字也改成了"施耐庵"。

施耐庵是一个非常专注于写作的人。在创作《水浒传》的时候，民间有很多关于武松打虎的故事，但是施耐庵并没有见过真正的老虎，也没有见过人们是怎么打老虎的。为了把武松打虎的片段写得更加逼真，施耐庵只身前往深山老林中观察老虎，还向许多有经验的猎人请教打虎时的情况。尽管这样，他还是觉得没有把握把打老虎的场景写好。

有一天，他又来到古树参天、阳光稀少的深山中，即使是经验丰富的猎人也很少到这种偏僻的地方来捕猎。施耐庵走累了，就靠在一棵大树下休息。忽然他看见远处有只梅花鹿向这边跑过来，害怕惊扰到梅花鹿，施耐庵赶紧利索地爬上大树，躲在大树上观察树下的情况。梅花鹿"嗖"的一声从树下窜过，这时候林中半人高的草里跃出一只大老虎。老虎一跃身就要骑在梅花鹿身上，敏捷的梅花鹿立即原地一个打转，虎口脱生。一番惊心动魄的搏斗场面看得施耐庵如痴如醉。直到老虎离开很久，他才敢从树上下来，然后又到别处去看老虎了。就是这种严谨的写作态度，才让《水浒传》里有那么多精彩逼真的打虎场面。

📚 人物简介

施耐庵，生卒年不详，元末明初的小说家，本名彦端。博古通今，才气横溢，举凡群经诸子，词章诗歌，天文、地理、医卜、星象等，一切技术无不精通，35岁曾中进士，后弃官归里，闭门著述，与拜他为师的罗贯中一起研究《三国演义》《三遂平妖传》的创作，搜集整理关于梁山泊宋江等英雄人物的故事，最终写成四大名著之一《水浒传》。

素材宝库

《水浒传》·经典语句

瓦罐不离井上破,将军难免阵中亡。

踏破铁鞋无觅处,得来全不费功夫。

原来但凡世上妇人哭有三样哭:有泪有声谓之哭;有泪无声谓之泣;无泪无声谓之号。

一切诸烦恼,皆从不忍生。见机而耐性,妙悟生光明。

惺惺惜惺惺,好汉识好汉。

心安茅屋稳,性定菜羹香。世味薄方好,人情淡最长。

广施恩惠,人生何处不相逢;多结冤仇,路窄狭时难回避。

目标课文七:海底两万里

科幻小说之父——凡尔纳

凡尔纳出生在法国西部,父亲是当地一位知名的律师。凡尔纳从小就十分向往探险,他总是梦想着有一天能够坐上游轮远游大海。11岁时,凡尔纳曾背着家里人,悄悄溜到一艘准备开往印度的大船上,想跟着大船去见识大海的广博。正当他沉浸在冒险生活的幻想中时,父亲出现在他面前,把他领回了家。父亲希望凡尔纳能子承父业,所以找回凡尔纳之后,对凡尔纳严格管教,别说是去探险了,就是到院子里走走也不行。尽管父亲圈住了自己的身体,但凡尔纳的心中依旧充满了对探险的幻想。

18 岁时，凡尔纳被父亲送到巴黎读法律。可到了巴黎，凡尔纳却经常翱翔在图书馆的文学著作和戏剧里，并爱上了文学。有一次，凡尔纳参加一个非常无趣的聚会，聚会进行到一半时他就偷偷溜了。走到楼梯上时，他见四下无人，便童心大发，沿着扶手往下滑，沉浸在自己欢乐中的凡尔纳并没有看见迎面走来的人，于是直接撞了上去。凡尔纳非常尴尬，赶紧下来道歉，为了缓解尴尬，凡尔纳便问对方是否吃过饭了。被撞到的人是一个胖乎乎的绅士，胖绅士忙说没关系，还说自己刚刚吃了非常好吃的南特炒鸡蛋。凡尔纳一听便摇着头说巴黎根本没有正宗的南特炒鸡蛋，因为他就是南特人，而且凑巧的是他的拿手菜就是南特炒鸡蛋。胖绅士听了十分高兴，当时便邀请凡尔纳到他家去玩。一阵寒暄过后，凡尔纳才知道原来自己撞到的人竟然是当时著名的大文豪和美食家大仲马。

从那以后，凡尔纳就住在了大仲马家，大仲马在文学方面对凡尔纳的影响非常深刻。大仲马的儿子曾经这样说道："就文学而言，凡尔纳更应该是大仲马的儿子。"大学毕业之后，凡尔纳不顾父亲的反对，放弃了学习多年的法律，开始全心写作。没有父亲的经济资助，凡尔纳的生活过得十分清苦，但是有书籍的慰藉，凡尔纳并不觉得艰苦。

为了写好小说，凡尔纳刻苦钻研各种学科。他创作了许多脍炙人口的作品，如《格兰特船长的儿女》《海底两万里》和《神秘岛》等，这些书中涉及许多学科，像天文学、地理学、工程学、动植物学……凡尔纳开创了科幻小说的先河，是当之无愧的科幻小说之父。

📚 人物简介

　　凡尔纳（1828—1905），19世纪法国著名小说家，创作了大量优秀的文学作品，是现代科幻小说的重要开创者之一。代表作有《海底两万里》《格兰特船长的儿女》《地心游记》《八十天环游地球》《气球上的星期五》《奇异的旅行》等，其中《格兰特船长的儿女》《海底两万里》和《神秘岛》被称为凡尔纳三部曲。他一生写了许多科幻小说，这些小说故事生动，幻想有科学基础，许多预想为后来的科学发展所证实。

💡 素材宝库

凡尔纳·名人名言

● 敢于崇尚牺牲，才能成就英雄。

● 科学固然好，但有时会出错，然而本能是永远也不会出错的。

● 人类既不能呼风唤雨，叱咤浪涛，该不该制止自己狂妄地凌驾于造物主之上的行为呢？

● 当科学开始说话的时候，那就只好闭口不言，但科学是从错误中产生的，犯这些错误乃是必要的，因为这些错误逐渐导致真理。

● 经商固然好，哲学价更高。

● 任何事物都不应该过早成熟，包括进步。

● 无意中占有同类自由的人都不应该宽恕，在任何情况下都不能。

● 但凡人能想象到的事物，必定有人能将它实现。

目标课文八：鲁滨孙漂流记

笛福与《鲁滨孙漂流记》

丹尼尔·笛福是英国著名的小说家，启蒙时期现实主义小说的领军人物和奠基人。笛福的父母都是长老会的教徒，因此笛福从小便在长老会的学校接受教育，但他并没有念过大学。

笛福在长老会学习当牧师，很多年过后，他才发现自己根本志不在宗教，因此便放弃了当牧师的机会，像父亲一样经商。笛福20多岁时，已经是伦敦一名体面的商人了，他先后经营过多种行业和商品，像内衣、烟酒等。不幸的是，1692年的时候，笛福经商失败，破产了。破产之后的笛福为了谋生做过很多工作。他当过政府的情报员，还写过政论文。早年的笛福因讽刺诗、政论文而闻名，他反对封建主义，倡导发展资本主义。笛福的写作技巧非常了得，1702年，他写下了《消灭不同教派的捷径》一文，来讽刺政府的宗教歧视，引起了人们极大的关注。刚开始，当局并没有看出文中的讽刺意味，过了很久才明白过来，于是把笛福抓起来关进监狱整整六个月。在监狱里的笛福并没有妥协，还写下长诗《枷刑颂》，讽刺当局法律的不公，被当时的人们称为英雄。

后来笛福还创办过杂志，59岁时开始写小说。1719年，他根据水手亚历山大·赛尔柯的传奇经历，完成了被称为"英国文学史上第一部长篇小说"的《鲁滨孙漂流记》。笛福把主人公鲁滨孙刻画成一个热情、勤劳的人，他凭着自己顽强的意志和大自然做斗争，最后征服了自然，顺利回到了家乡。在故事里，我们能清楚地感受到笛福对资本主义发展时期的冒险进取精神的崇拜，同时也看到了好莱坞式的个人英雄主义。《鲁滨孙漂流记》的真实性很强，每个人都能从中找到自己的影子，因此能经久不衰，为一代又一代的人们所推崇。

📚 人物简介

笛福（1660—1731），英国小说家，新闻记者。英国启蒙时期现实主义小说的奠基人。代表作《鲁滨孙漂流记》闻名于世，鲁滨孙也成为与困难抗争的典型模范。笛福被视作英国小说的开创者之一。

💡 素材宝库

《鲁滨孙漂流记》·经典语句

●我心里最害怕的不是死亡，而是我曾经后悔过出海，后来又定下出海的决心，这种害怕十倍于对丧命的恐惧。

●世界上一切好东西对于我们，除了拿来使用之外，没有别的好处。

●一个人在明白事理以后，就会觉得，被上帝从罪恶中救出来，比被上帝从患难中救出来，幸福更大。

●事情总是这样的，对危险的恐惧，比起亲眼所见的危险本身来，往往要吓人万分。